命理生活新智慧・叢書　34-2

紫微星曜專論

《二版修訂版》

金星出版社 http://www.venusco.com.tw
E-mail: venusco@pchome.com.tw
法 雲 居 士 http://www.fayin.tw
E-mail: fatevenus@yahoo.com.tw

法雲居士⊙著

金星出版

國家圖書館出版品預行編目資料

紫微星曜專論《二版修訂版》／法雲居士
著，--臺北市：金星出版：紅螞蟻總經
銷，2010年5月　　冊；　公分—
（命理新智慧叢書；34-2）

ISBN 978-986-6441-19-6　　（平裝）

1.紫微斗數

293.11　　99006487

紫微星曜專論《二版修訂版》

作　　者：法雲居士
發 行 人：袁光明
社　　長：袁靜石
編　　輯：王璟琪
總 經 理：袁玉成
出 版 者：金星出版社
社　地址：台北市南京東路3段201號3樓
電　電話：886-2--25630620●886-2-2362-6655
傳
郵政劃 FAX：886-2365-2425
總 經 銷：紅螞蟻圖書有限公司
地　　址：台北市內湖區舊宗路二段121巷28・32號4樓
電　　話：(02)27953656(代表號)
網　　址：www.venusco.com.tw
金星出版社.com
E-mail　：venusco@pchome.com.tw
venus@venusco.com.tw
法雲居士網址：http://www.fayin.tw
E-mail　：fatevenus@yahoo.com.tw

版　　次：2010年5月修訂第2版
登 記 證：行政院新聞局局版北市業字第653號
法律顧問：郭啟疆律師
定　　價：360 元

行政院新聞局局版北字業字第653號
(本書遇有缺頁、破損倒裝請寄回更換)

投稿者請自留底稿
本社恕不退稿

ISBN：978-986-6441-19-6　　（平裝）

（因掛號郵資漲價，凡郵購五冊以上，九折優惠。本社負擔掛號寄書郵資。單冊及二、三、四冊郵購，恕無折扣，敬請諒察！）

序

在拙作『三分鐘算出紫微斗數』和『實用紫微斗數精華篇』相繼出版以來，深受讀者歡迎，十分賣座。同時也是喜好學習紫微斗數之學的人最簡單能懂的白話文教科書。有一些讀者告訴我，他們就是從這兩本書開始入門的。但是他們認為：在紫微命理中，還有一些精要細微的東西，他們還是無法掌握。好像說很多星曜在命宮中所代表的意義，大家普遍的都知曉明白了，但是星曜到了別的宮位如兄弟宮、事業宮、財帛宮所代表的意義有時會不同。就譬如說貪狼星，在命宮代表其人有機智、桃花強、反應快、多才多藝、圓滑，長相、身材都很不錯。但是貪狼星在六親宮（包括兄弟宮、夫妻宮、子女宮、父母宮、僕役宮）出現時，都有不同的意義，而且其意義多半呈負面情感不佳的狀態。

貪狼星是好運星，在命宮中時，多半有暴發運。一生的運氣好，機會多、是不錯的命格，奮發能力也非常強。可是在兄弟宮時，兄弟手足都十分聰明、自我中心強、緣份薄、不和，而且會因為兄弟蒙受損失、相互牽連，並且也會有晚婚、不婚之兄弟姐妹。貪狼星在夫妻時，也可能有更換配偶之現象，配偶常為性格不合、意見不合之人。貪狼星在父母宮時，與父母不合、緣份淺。貪狼星在僕役宮時，會與朋友、屬下常發生爭執，且受連累遭災。

可見貪狼星在六親宮都不算好，在事業宮稍好，但在田宅宮、福德宮出現也不佳。貪狼在田宅宮時，與不動產無緣，留不住房地產。代表財庫不牢靠，也存不住錢。貪狼在福德宮，其人一生勞心、不安現狀、祈求過多、福份淺、因貪求太多而享不到福。

在紫微命理中，每一顆星曜同時都具備了多重內含意義，並且它在不同宮位、在人宮與事業宮中所代表的意義也不同。並且它還會以宮位躔次（所坐落宮位的旺弱度）再對問題有等級輕重之分。因此在學習紫微命理的過程裡，看一個人的命運好不好，就不能光以命宮主星做一個依歸。其他的如六親的緣份、助力、物質財富確實擁有的多寡，以及奮鬥力、知識力量的獲得也同樣是影響一個生命體是否得到完整的蓄養、壯大、成長完美果實的活水泉源了。

『紫微星曜專論』是一本專門探討紫微命理中命盤上一百零八顆星的主

要論述。涉及的範圍很廣，不但會把主要正曜的十七顆主星在各『人宮』、『事宮』中所代表的意義一一敘述清楚。也會把一些次級星曜出現的意義交待清楚，讓讀者在看命盤時，對命盤上一百零八顆星都瞭若指掌，不會再有模糊不清的疑問。

另外，在『紫微星曜專論』中，也會開宗明義的介紹有關在紫微命理中，所屬的紫微斗數的宇宙觀之下的星曜形的關係。這一點我雖然在其他的書中曾做過介紹（如『實用紫微斗數精華篇』和『假如你是一個算命的』），但為求其聯貫性，以及能幫助讀者更容易瞭解星曜在紫微命理中的地位和相互關係，為求理念的統一延續，故再詳述之。

並且在此書中，更會提出一些星曜的問題來做出討論。例如紫微星是中天斗星，也是北斗主星，但為什麼會在午宮居廟，而在子宮居平呢？午宮主南方、子宮主北方、紫微星反而在斗數命盤中，旺度躔位也會有如此的差距問題出現？這個問題會在書中前部即有詳盡的解答，請讀者拭目以待。

近來我常接到讀者書面提出的一個問題，同時在論命時，也有數人提出相同的問題，因此在此提出解答。這個問題就是『干宮化忌』的問題，也就是當流年走到天干逢化忌之年，是否就真的不順？例如有一位朋友是甲辰年所生的人，他是『紫微在申』命盤格式的人，申宮是紫府，他卻很擔心在壬申年逢流年運時，因壬年有武曲化忌，而運氣不好，賺不到錢。另外許多人也提出，在目前坊間一些紫微命理的書上，有人鼓吹飛星，以及用科、權、祿、忌在流年活盤中飛來飛去，再做流年上的解釋。結果你會發現原先命盤中一些好的宮位，可以走好運的年份，結果都不算好，因為飛星飛來飛去，化忌星就會三方四會的飛到流年宮位去了。而一些運氣較差的流年宮位，反而有科、權、祿飛星而至，成為不錯的流年年份。如此一來，就分不出誰好誰壞了。因此流年就算不準了。也造成讀者朋友心中極大的困擾，希望我能為他們做個解釋。

目前在台灣這個地區，也可以說是全世界整個華人地區，因為生活日漸富裕、工商業發達，所以喜愛命理的人非常之多。因此在命理著作方面，也產生了百家爭鳴的現象。這個現象整個說起來是好的，但有部份說起來也不好。為什麼呢？

一些人為求在命理學上的突破，於是自創一格的出現新的學說論點，或是把從昔日私人秘庫中所搜羅出的一些不知名的清人遺留下的書籍中部份與眾不同的論點做一個發揮。

凡是任何一個論點都需經過千百年來、千千萬萬的後世學者來檢驗、印證。在千錘百鍊之後，才能成為傳世之說。當然無法經過千錘百鍊的論點學說，最後都會被淘汰。並且雖同樣是古人所著作的論點就不一定全然是對的。就像朱熹所解釋的四書、五經和對孔子的論述。因朱熹和明朝皇帝同姓朱，因此明朝獨尊朱熹，以朱熹的論點為明代學術主流。但後世，如在清朝時就發現朱熹在解釋孔孟學說時有許多誤謬。

在今時也是一樣，論點不同、論點多，對學習命理的人有利，也同時不利。有利的是，我們大家可看到更多的方法，以及不同相反的論點，可供我們思考的空間加大。不利的是：這些論點方向不一定正確，也可能走偏了。也可能只是胡攪蠻纏的一個歪理。這就需要我們自已做實驗來印證理論事實的真假了。

譬如說前面這位朋友是甲辰年生的人，他的命盤中的化忌是太陽化忌在巳宮，我就問他！『你巳年覺得好不好？』他答說：『不好！』再問他：『

你猴年走紫府運好不好？』他答說：『很好呀！賺了很多錢。』『既然很好，你為什麼要怕這個壬申年呢？』

『壬年有武曲化忌呀！記得我在壬戌年虧了很多錢，所以我一看到『壬』字就怕！』

我們再檢查他在壬戌年流年運程時，逢的大運是破軍化權、文曲，這破軍逢文曲，有水厄、主窮困，是個本身就很窮的大運，在這個大運中無論你是逢紫府、武貪運，也都好很有限了。而且一定會破財、耗財，鐵定會虧錢，不能做投資的。所以這不是壬戌年或壬申年的問題，而是大運是如此窮困破敗的運所致。況且此人命中缺水，逢水而發，幸虧有壬戌，壬戌是大海水，有水助，此人才虧了一筆錢而已，倘若是甲戌、戊午，屬火的年份，又逢此破耗的大運，其後果可能山窮水盡，性命垂危。

命中缺水的人碰到壬申年、壬戌年都好的，此人有武貪格暴發運，在辰、戌年會爆發，逢壬戌年時，因大運時窮，可能無法感受到大的暴發運，但是極小的暴發運也一定能解決困難的。

所以我說壬年與你何干？壬年有武曲化忌，那是在壬年中大環境上有錢財的問題，是社會經濟、全世界上的經濟問題，看起來很窘迫，但是對你的影響只是操勞忙碌一點而已，並不會影響到你賺錢的機會。你在壬年依然會過得很好，有錢賺的。這像在戰爭、窮困之地也會有人發財，也會有人賺錢致富。而在富有多金的地方和年份中依然有人會倒霉、賺不到錢。這完全是要看個人的命格問題了。

而且就算你是壬年所生，命盤中有武曲化忌的人，也要走到武曲化忌之年才會有金錢上的困擾。倘若你是壬年生，喜用神喜火忌水的人，不喜歡遇壬年水多的年份，運氣會不順，要遇木火年才發。壬年生喜用神喜金水的人，在逢壬年流年運程時，依然是快樂無比、財多多的。

所以，整個說起來，壬年是無可懼的。命中缺水（喜用神為金水）的人，更愛走壬年的流年運，運程大好。只有命中缺火（喜用神為丙丁火）的人，怕逢壬癸年的流年運，會有不順的、錢財較少的運程。

在目前從事紫微命理的同業中，有一派人專以權祿科忌（化權、化祿、化科、化忌）為主要論命觀點。在我認為這是捨本逐末的治學方法。因為權、祿、科、忌對於人之命運，其實是只具有加分、減分的實際利益。權、祿、科星跟隨的主星是強勢的、旺度高的，跟隨主星跟得好，加分得就多，在人生命運中就有大作用。跟隨主星功能不相同類似，或跟隨主星居陷，加分就沒有多大意義，也可能有反作用產生，每一顆星逐一不同。例如紫微居旺化權和天同居旺化權，都具有超級強勢的自然形成與獲得的力量。而紫微居旺化權，偏向主貴、主權勢高高在上的權威勢力的自然獲得力量。而天同居旺化權，則偏向平和、自然成熟，無人反對的強勢形成力量。這兩種力量雖同屬解厄呈祥的力量，但實質內容還是有很大分別的。

紫微在子宮居平化權時，比起其他的星曜，力量是大的、吉的。但是在紫微化權，自己這一級同系列的組合中，它就是最低層次的紫微化權的等級了。它是比不上紫微在午宮加化權、紫微化權加天府、紫微化權加破軍、紫微化權加貪狼、紫微化權加天相、紫微化權加七殺，而趨於最低層次解厄呈祥的強勢主導力量了。另外天同居廟化權的強勢力量也會比天同居平化權，和天同居陷與巨門同宮的力量，高出得太多出來。而且意義有很大的不同。

另外紫微化權和破軍化權、天梁化權、天機化權、武曲化權、太陽化權等意義也不同，也無法相提並論，層次、吉凶都不一樣，再加上各個星曜旺度等級的等別，實際上已形成一個非常精密的層次等級。而且忌星的等級就更低下了。

所以權、祿、科、忌在人命運中實則是更精細的層等級之分。這就像人去考試、考國文系的人，要對國文科目加重計分。考數學系、數理科的人，要對數學加重計分。考英文系的人，要對英文加重計分一樣。權、祿、科所跟隨的主星，就是主要加重計分的對象。而化忌星所跟隨的主星，就是主要來減分計分的對象。問題非常簡單，只要你能確實明瞭，便十分好來應用了。

在命理學中，不論是開山祖師爺易經八卦，或至紫微斗數、八字、奇門盾甲等形式不同的論命法，其最最原始的意義，就是在談論『宇宙間的奧妙之法』。宇宙間的奧妙之法，包括了整個大宇宙中星球間的互動關係。也包括了在地球上的人類與日、月、山、川、風、雷、雨、電，在天地中生存的自然關係。一個人所處所生活的地方好，生活就比較優裕、富庶，自然在先天上佔有優勢，這就是權、祿、科來加分的原因。某些人所處的、所生活的環境不太好，非但在先天環境中失去優勢，沒有優勢，而且在後天環境中也造成破耗、分不到財、孤獨、沒人理會的人緣上的問題。沒有人緣便沒有機會，沒有機會便沒有財，沒有財便生活困苦，過得不好，甚至會早早夭折死亡。這就是在人生命中權、祿、科、忌對人命程中所做加分減分的安排。

在流年年干上所產生的權、祿、科、忌，主要是對我們外在大環境中的影響，對我們個人來說，不能說是完全沒有影響，威脅是存在的，情形是受到控制的。這好比假設在地球的外側軌道上發現了四顆隕石，有三顆是好的，其飛行的角度和軌道都與地球很合諧的運行，久而久之它可能成為地球的小行星，對地球是有幫助的。這三顆好的隕石就是權、祿、科。另有一顆隕石的飛行角度和軌道都不確定，很可能會受地心引力而墜落地球上某處地方，重力加速度砸下來，一定會傷害地球上的某處，因此大家很惶恐。這就是忌星。但是以現代的科技再加上運算的方法，我們可以很確定的根據它的軌道及運行方向算出它將掉落何方，也可預它將對何處造成傷害。所以我說它是受到控制的。也可以減少災害的，並不是太可怕的了。因此也不在傷害範圍內的人，是根本不必擔心的了。

所有的命理學都是人類在體察萬事萬物之後，尋求到了一個由簡而易的規律法則。這個法則也像所有的真理一般是讓人簡單易懂的。但是千古年來，有許多喜愛賣弄小聰明的人來加以解釋，愈解釋愈繁複，愈讓人摸不清，就愈表示自己有學問，這與原始的真理是背造而馳的。所以也是不值得鼓勵的事。所以我們不論在讀古人的書，今人的書，都必須用心思考、自己做實驗及印證。只一味的學習，把不成熟的觀念拿來應用，這很容易走偏了路。失之毫釐、差之千里，再回頭已是百年身，這一生的學習都已浪費了。所以做實驗、做印證是非常重要的事。

法雲居士　謹記

◎紫微星曜專論

命理生活叢書 34-2

紫微星曜專論

《二版修訂版》

前言

這本『紫微星曜專論』是我一直想寫的一本書。很多讀者和來算命的朋友，常聽說命理學的根源都來自於易經，於是很想知道紫微斗數和易經的關係。我在這本『紫微星曜專論』的前部份先談了一點。以後也有計劃會出版一本專門討論斗數和易經之間關係的一本書。

很多人學紫微斗數，但是其中有部份人會以姑且聽之、言之、學之的想法來學習紫微斗數。因為他們自己覺得或是從某些書上看到而認為斗數中的星曜是不存在的。更認為紫微斗數是一個玄極未決的理論，或因為好玩的心理或遊戲的心理而學習紫微斗數，進入能預測探密的世界。在這本書中我希望以科學的觀點來打破一般人一方面想信，又一方面不信的迷信藩籬。事實上中國古代命理學中的金星、木星、水星、火星、土星和外國外天文科學家所研究的太空宇宙中的金、木、水、火、土星是相同的。所指的也是同一個星球。中國古代就知道『五星連珠』的情形。也能算出時日。這個庚辰年（公元二千年）也就確曾發生過『五星連珠』的情形。所以很多人認為中國古代的科學是不可信，或根本不存在的，沒有科學根據的，這些人便會啞口無言了。中國的命理學就是從古代中國科學演進而來的。現今外國的天文科學家已經在著手研究古代中國天文的文獻，所以我敢斷言在未來的時日裡，命裡學中的所有星曜，能慢慢和西洋天文科學中星球的名詞相核對，紫微命理學中的星曜能正本清源，一切就會真相大白了。

另外我要闡述一個觀念就是：我們學命理也要像讀歷史和地理一樣，每一段歷史不論是腐敗、輝煌的歷史都一樣重要。每一本地理，不論是沙漠戈壁，或燦爛精華的地區也同樣重要。因此在命理學中每一顆星，不論是煞星、殺星、耗星、囚星也一樣和權星、吉星、福星有同等的重要性。

有一些朋友告訴我，他們最不喜歡看到命盤中的羊、陀、火鈴了。說是火星、鈴星還好一點，最不喜羊、陀和化忌、劫空，他們常抱怨為什麼每個命盤都有這些星呢？而且這些星還往往佔據重要的位置，例如命宮、財帛宮、官祿宮等等。

每個人的命盤，星盤中都有相同數量的星曜，只是位置不相同。很多夫妻檔的人，夫妻兩個人的命盤非常相似，有時只是星盤整個的格局相反過來而已，而且有些夫妻的命宮是在同一個命盤格式中的對宮，也就是說夫妻兩個人的命宮主星，互為對方的遷移宮，這就可以看出這兩個人真的很像是一家人，真的有夫妻緣了。

我常告訴學習命理的朋友和學生說，命理學中每一顆星都是很重要的。都是有好的一面，也有不算吉的一面，這就像是人的個性一樣，一定會有長處和短處，這是無法避免的。今天我們把某些星訂為煞星、惡星，另把一些星訂為福星、運星、吉星，這都是一些主觀的想法使然。

就像最好的紫微星，凡事能化吉、趨吉避凶。但是它在人的命宮出現，也是會有性情多變，剛柔不濟、固執、高高在上、心胸狹小、耳朵軟，有時也會有不顧一切的作為。紫微在人主有勢利的人，首領、高官，甚有權勢、地位者。紫微剋應在事，主大企業、大財團、官位、官祿。紫微剋應在物，主高級物品、珍品、古董、裝飾美麗、豪華的東西。紫微剋應在地，主高樓大廈、高山、名門別苑、公家機關所在地等。剋應在病，主脾臟、胃部、消化系統的毛病。因此你看紫微星就代表了這麼多的意義。有好的、也有壞的。一般我們都認為它是吉星，但碰到固執、死硬派、耳柔軟、喜歡聽好話、性情多變、作威作福的時候，你還會認為紫微星是十全十美的嗎？

擎羊星有衝動、疑惑，做事乾脆、不會拖拖拉拉、霸道、愛與人計較、容易感情用事、好記恨、會報復、恩怨分明、個性剛烈、自以為是，不接受別人的意見、容易有外傷、血光傷災、本身不愛也不接受別人幫助。你看！擎羊星有這麼多代表含意，敏感、乾脆這是大家喜歡的啦！不接受別人幫助、一切自己做主，做事果斷、勤快，則能有擔當，能成就大事，一般命宮中或遷移宮中有擎羊星的人，做事足智多謀、敢於付諸行動、敢做敢當、敢愛敢恨、能夠成大事。古往今來多少成大事的政治人物，無不是具有這種命宮或遷移宮中有擎羊星的命格，例如大陸前領導人鄧小平先生，命宮中就是武殺、擎羊坐命的人。而蔣夫人宋美齡女士的遷移宮中就有擎羊星，所以有這種命理格局的人就是真正能『化煞為權』掌有政治地位的人了，此刻你還認為擎羊星真是一點用也沒有，只會做亂傷人、製造血光問題的敗星了嗎？因此我建議學習命理的朋友們，要把命理學中每一顆星曜的趨吉力量和造惡力量全弄清楚，記憶明白，不要再存有狹隘的思想和偏見，這樣運用在論命方面就會得心應手，算命也會弄得準了。

紫微星曜專論

紫微幫你找工作

『男怕入錯行，女怕嫁錯郎』。

現在的人都怕入錯行。

你目前的職業是否真是適合你的行業？

入了這一行，為何不賺錢？

你要到何時才會有自己滿意的收入？

法雲居士用紫微命理幫你找出發財、升官之路，並且告訴你何時是你事業上的高峰期，要怎麼做才會找到自己有興趣的工作？

要怎樣做才能讓工作一帆風順、青雲直上，沒有波折？

『紫微幫你找工作』就是這麼一本處處為你著想，為你打算、幫助你思考的一本書。

第一章　紫微斗數的宇宙觀

要談到紫微命理中的星曜，當然首先要瞭解這些星曜所處於空間的問題。這個空間就是一個極大極大的宇宙。

很多人都以為紫微斗數中的星座都是不存在的，是想像出來的，這就與事實有很大的出入了。而且這些人肯定是不知道也不瞭解中華文化所具有的科學的一面了。

紫微斗數中的星曜是每一個都確實的存在於宇宙太空之中的，只是現今東西方的文化對其定名的不同，讓很多人對星曜的中文名稱和西文名稱無法相通瞭解罷了。例如紫微星座，在中國古人認為這是皇帝的星座，其實它是一團『星團』，包括了北斗七星，在西方天文學中，它就是大熊星座。當然！

屬於北斗七星中的巨門、貪狼、武曲……等等，每一顆星也都有其英文的名稱。

中國的易經是最早講述宇宙太空的科學和人類在地球生活中相互關係的一本書。由這個主體延續支脈發展出來的命理學有非常多種。紫微斗數也是其中之一。所以也稱做『依通』。也就是靠數理、數字歸納整理而形成的一種相命的方法。易經所講的是大宇宙內的自然現象和發生的定律、規則。同樣的，紫微斗數所表現的也是大宇宙中自然現象和規則、定律。其間所有不同的地方，則是紫微斗數經過人類智慧的運算與歸納之後，把宇宙中的自然現象更簡單、明白的用圖表展現出來，並且把宇宙中億億萬萬個星辰，以三〇度一個角度，周天三百六十度，分成十二個宮位，把它們歸類起來，這樣才方便我們記憶和觀看運用。

紫微斗數中的命盤就是一張星象圖。這張星象圖是什麼時候的星象圖呢？就是在你這個人出生時那一剎那時間的星象圖。我在很多本書中，就再三的說過，人在剛出生的一剎那間便在宇宙中留下了一個『十字標』，這個十字標存在的空間，就是地球環繞太陽公轉時有一個軌道，十字標就是在這軌道上其中的一點。在這個同時間中，地球也在自轉，月球也依然在繞地球轉，金星、木星、火星、水星，宇宙間所有的星球也都各自在運轉，做自己規則性的運動。而人在出生時那一剎那的『十字標』出現時，到底金星、火星、水星、月球正運行到那一個位置了呢？這個一剎那間『各星曜運行位置的星象圖』，就是你的命盤上所表現出來各星曜所處宮位的位置圖。你說神奇不神奇？妙不妙？

原先大家都以為宇宙太空離我們多遙遠呀！我們可能一輩子都無法上太空去看各星球運轉的情形，那和我們有什麼關係呢？這就錯了！關係可大了！每一個人在出生來到這宇宙的時候，便在宇宙間烙下一個『十字標』烙印了。而這個『十字標』就是我們地球人、中國人所稱的『生辰八字』。外國人稱生日。外國人以日為重。而我們中國人是更精密、更科學的連時間、時辰都記載清楚了。當你清楚的瞭解了、想到了，自己一出生便在宇宙間留下十字標記錄、腳印時，你會不會感嘆生命的奇妙與偉大！有沒有想過！既然是這麼奧妙、美麗、又偉大的事情，實在不應該浪費良辰和讓生命虛渡，真該好好的努力，向前邁進，使自己這個生命存在於宇宙中更完美一些？

現在再來談談紫微斗數命盤就是一張星象圖的問題。

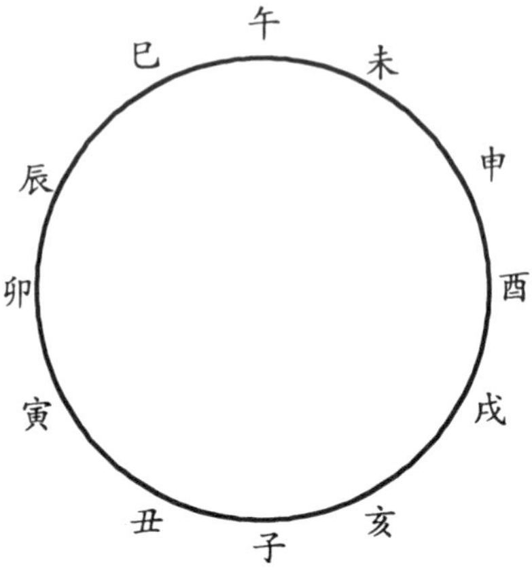

（上圖）

巳	午	未	申
辰			酉
卯			戌
寅	丑	子	亥

（下圖）

在上圖中，中間一個圓，代表的是地球。我們把子、丑、寅、卯、辰、巳、午、未、申、酉、戌、亥配上，這就是十二宮。『宮』的意思是部位、位置的意思。這也就是『黃道十二宮』。『黃道』也就是從我們地球上看太陽，太陽從東邊升起，從西方落下去，所繞地球一圈，稱之為黃道。其實不是太陽繞地球轉，而是以地球自轉一圈，為『一天』的時間。

在下圖中我們的老祖宗已經將黃道十二宮平面化了，而且為了便於計算書寫，已經將其變為方形，但意思還是一樣的。

現在我們人站在地球上仰望天空的星曜，命盤中也正呈現這些景況。在我們人剛生出時的一剎那之間，此時太陽走到什麼位置，月亮走到什麼位置，紫微星就是北斗星，永遠在地球的上方，在此時又會走到什麼位置？便一目瞭然了。例如在出生是『紫微在子』命盤格式中，此時太陽是準備西下的，而太陰（月亮）尚未升起的時候。而紫微星正是離地球較遠的地方，光度較弱的時候。如圖：

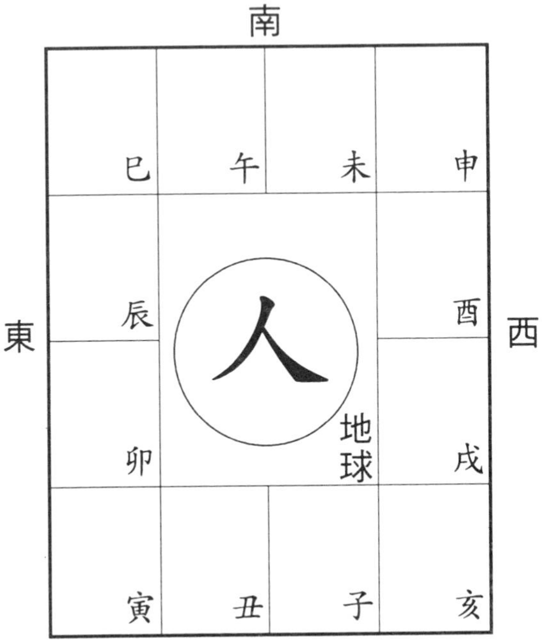

人站在地球上仰望天空的星曜示意圖

紫微在子命盤格式

太陰 (陷) 巳	貪狼 (旺) 午	天同 巨門 (陷)(陷) 未	武曲 天相 (廟)(得) 申
廉貞 天府 (廟)(平) 辰	人		太陽 天梁 (得)(平) 酉
卯		地球	七殺 (廟) 戌
破軍 (得) 寅	丑	紫微 (平) 子	天機 (平) 亥

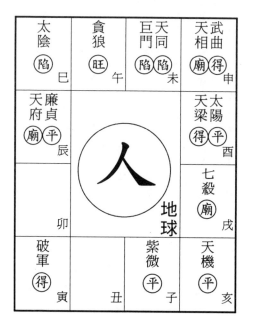

紫微斗數中有十二個命盤的基本格式，就是『紫微在子』命盤格式、『紫微在丑』命盤格式、『紫微在寅』命盤格式、『紫微在卯』命盤格式、『紫微在辰』命盤格式、『紫微在巳』命盤格式、『紫微在午』命盤格式、『紫微在未』命盤格式、『紫微在申』命盤格式、『紫微在酉』命盤格式、『紫微在戌』命盤格式、『紫微在亥』命盤格式。

其中，『紫微在子』命盤格式和『紫微在午』命盤格式在命盤格局中其星曜坐落的宮位是相反的。當然『紫微在丑』和『紫微在未』兩個命盤格式也是星曜坐落的宮位相反的。其他如『紫微在寅』和『紫微在申』、『紫微在卯』和『紫微在酉』、『紫微在辰』和『紫微在戌』、『紫微在巳』和『紫微在亥』，也全都是星曜座落宮位是相反的，所以認真的說起來，人出生時的時空不一樣，所領受的先天條件不一樣，再加上後天的變化，成果也會不一樣了。

我們首先來比較『紫微在子』命盤格局和『紫微在午』命盤格局的兩個星象圖，從這些比較中，我們就可以發現與瞭解許多問題了。

星象圖可顯示命盤格式中星曜位置變化的狀況

※首先要說命盤格局是怎麼形成的呢？是用生月和生時，再加上年干定五行局，再加上生日的日數，所形成的。也就是年、月、日、時全用上了。這在『三分鐘算出紫微斗數』一書中教紫微命盤的排法中有很詳盡的演算方法，此處不再贅述。由命盤格局中找出紫微星落坐的宮位，你便是那個命盤格式的人。例如紫微在子宮，你就是『紫微在子』命盤格式的人。又例如紫微在卯宮和貪狼在一起同宮，你就是『紫微在卯』命盤格式的人，以此類推。

假如你是『紫微在子』命盤格式的人，現在我們看星象圖（你的命盤），紫微在子宮、太陽在酉宮、太陰（月亮）在巳宮。此時你會發覺，此時的地球似乎離南斗星近一點、離北斗星遠一點，因為紫微星是北斗星的龍頭，光度較弱，而同屬北斗星中的巨門居陷、廉貞居平，武曲、破軍等居得地之位。此時南斗星中的天府星居廟、七殺星也居廟、天相星也居廟，但居於後面的星曜如天機、天同，都在居平陷之位。此時地球對著太陽的角度，又剛好是西方對著太陽，而且太陽快要下到地平線了。所以太陽光很微弱，月亮（太陰）是必須受太陽光的反射而發出亮光的，此時微弱的太陽光，月球無法感受到反射的光芒，故而也無光芒，是陷落無光的。

紫微在子

太陰(陷) 巳	貪狼(旺) 午	天同(陷) 巨門(陷) 未	武曲(得) 天相(廟) 申
廉貞(平) 天府(廟) 辰			太陽(平) 天梁(得) 酉
卯			七殺(廟) 戌
破軍(得) 寅	丑	紫微(平) 子	天機(平) 亥

在『紫微在午』這個命盤格式中，各位可以很清楚的看到紫微星離地球較近了，旺度亮得很，此時太陽也在東方升起，光芒四射，同時月亮也受到極亮的反射作用，也極亮的照射出來。此時也只有天同和巨門一同出現在丑宮的位置是居陷位的。它們離地球還是較遠的地方，角度不太好。

紫微在午

天機(平) 巳	紫微(廟) 午	未	破軍(得) 申
七殺(廟) 辰			酉
太陽(廟) 天梁(廟) 卯			廉貞(平) 天府(廟) 戌
武曲(得) 天相(廟) 寅	天同(陷) 巨門(陷) 丑	貪狼(旺) 子	太陰(廟) 亥

紫微星（北斗星）永遠在地球的上方，也就是在整個太陽系的上方位置，『紫微在子』命盤中，太陽是居平的，太陰是居陷的，正是地球自轉中，正處於太陽即將隱沒之際，此時北斗星的斗杓朝向地球，紫微星是在較遠處又背對著地球，所以光度較弱。而『紫微在午』命盤格式是地球在繞太陽公轉中，離紫微星（北斗）較近，並且紫微星是正對著地球的方向，是故光度較亮，居廟位。

第二章　從卦象中來探討十二個命盤格式所代表的意義

在卦象中，『紫微在子』命盤格式屬於『復卦』䷗，是『地雷復』卦，『復』就是『回復』的意思。有一元復始之意。

所以『紫微在子』命盤格式中的人，在一生中常有回到原點，再重新開始的局面，這也是這個命盤格式的人，人生中一言以概之的定義。

在卦象中『紫微在午』命盤格式，屬於『姤卦』䷫，就是『天風姤』卦。姤卦是陰陽相交之意。『姤』是相遇的意思。

所以『紫微在午』命盤格局中的人，一生中常有新的際遇，也會有新的企合點、新的企機出現。這也是這個命盤格式的人的人生中，一言以概之的定義。

當然每個命盤格式都有一個屬於該命盤格式的卦象。

『紫微在丑』命盤格式是臨卦『䷒』。『紫微在寅』命盤格式是泰卦『䷊』。

『紫微在卯』命盤格式是大壯卦『䷡』。『紫微在辰』命盤格式是夬卦『䷪』。

『紫微在巳』命盤格式是乾卦『䷀』。『紫微在未』命盤格式是遯卦『䷠』。

『紫微在申』命盤格式是否卦『䷋』。『紫微在酉』命盤格式是觀卦『䷓』。

『紫微在戌』命盤格式是剝卦『䷖』。『紫微在亥』命盤格式是坤卦『䷁』。

由各個卦象中，分別代表了每個命盤格式中的人，所擁有的不同人生的走向和意義。

紫微在丑

廉貞(陷) 貪狼(陷) 巳	巨門(旺) 午	天相(得) 未	天同(旺) 天梁(陷) 申
太陰(陷) 辰			武曲(平) 七殺(旺) 酉
天府(得) 卯			太陽(陷) 戌
寅	紫微(廟) 破軍(旺) 丑	天機(廟) 子	亥

在卦象中『**紫微在丑**』命盤格式，屬於臨卦『䷒』。就是『地澤臨』卦，『臨』是擴大的意思。『有事而後可大，故受之以臨，臨者也。』

所以屬於『紫微在丑』命盤格局中坐命的人，是先苦後甜，一生中不怕事，也喜歡將事情擴大，是故是非比較多的原因。

紫微在寅

巨門 旺 巳	廉貞 平 天相 廟 午	天梁 旺 未	七殺 廟 申
貪狼 廟 辰			天同 平 酉
太陰 陷 卯			武曲 廟 戌
紫微 旺 天府 廟 寅	天機 陷 丑	破軍 廟 子	太陽 陷 亥

『紫微在寅』命盤格式屬於泰卦『䷊』，就是『地天泰』卦。此卦上面是水屬陰，下面是乾，屬陽，上下勢均力敵，陰陽交融。『泰』是通暢平順的意思。也代表最好的時候，上下平和，平等、平順。

所以『紫微在寅』命盤格式的人，在其人一生中，雖有一些起伏，但比一般人平順安泰的多。並且他們也很會享受這種安泰的生活。

『紫微在卯』命盤格式屬於大壯卦『䷡』。就是『雷天大壯』卦。『壯』是強盛的意思。『大壯』就是陽性特別強盛的意思。上卦『☳』震代表雷。下卦『☰』代表天。天上有雷，聲勢壯大。也代表有新的強勢氣象的產生。

所以『紫微在卯』命盤格式中的人，在其人一生中，常會受外界強勢力量來改變其人一生的運程。

紫微在卯

天相(得) 巳	天梁(廟) 午	七殺(廟) 廉貞(平) 未	申
巨門(陷) 辰			酉
紫微(旺) 貪狼(平) 卯			天同(平) 戌
天機(得) 太陰(旺) 寅	天府(廟) 丑	太陽(陷) 子	武曲(平) 破軍(平) 亥

紫微在辰

天梁(陷) 巳	七殺(旺) 午	未	廉貞(廟) 申
紫微(得) 天相(得) 辰			酉
天機(旺) 巨門(廟) 卯			破軍(旺) 戌
貪狼(平) 寅	太陽(陷) 太陰(廟) 丑	武曲(旺) 天府(廟) 子	天同(廟) 亥

『紫微在辰』命盤格式屬於夬卦『䷪』。就是『澤天夬』卦。『夬』是決斷的意思。也有去除、排除的意思。此卦中有五個陽爻在向上推擠一個陰爻。『益而不已必決，故受之以夬，夬者決也』。表示在志得意滿的時候，要知進退，否則會崩潰。這也表示有困難在前面需要決斷。

所以『紫微在辰』命盤格式的人，在其一生中常出現必須決斷的關鍵時刻，必須要多多用心。

『紫微在巳』命盤格式屬於乾卦『䷀』。就是『乾為天』卦。『乾』就是『天』的意思。乾卦代表旺盛的陽剛之氣。但陽氣太盛已到了頂點，故有下降失敗的顧慮。

紫微在巳

紫微(旺) 七殺(平) 巳	午	未	申
天機(平) 天梁(廟) 辰			廉貞(平) 破軍(陷) 酉
天相(陷) 卯			戌
太陽(旺) 巨門(廟) 寅	武曲(廟) 貪狼(廟) 丑	天同(旺) 太陰(廟) 子	天府(得) 亥

故『紫微在巳』命盤格局的人，其人在性格上會比較陽剛，他們在命盤格式上運氣的運行格局是以上半個盤局為一生運勢的走向，例如子、丑、寅、卯、辰、巳等宮都有主星和吉星，運勢較旺。而下半個盤局中多空宮弱運。

例如午、未、申、酉、戌、亥等宮中就有四個空宮，和酉宮中的廉破壞運，亥宮中的天府在得地之位，也非常弱了。這就是陽氣太盛，旺極轉弱的道理。這也會造成此命盤格局中的人，一生中有一半的日子是好運，一半的日子是弱運的生活。

『紫微在午』命盤格式屬於『姤』卦，前面已經講過了。

『紫微在未』命盤格式屬於遯卦『䷠』，就是『天山遯』卦。『遯』是後退、退化的意思。『物不可久居其所，故受之以遯，遯者，退也。』老子說：『物壯必老，老者必倒。』也就是說一切的事物、運氣壯大了，旺盛了，一定會衰老，所以會慢慢退化。漸漸產生變化。

『紫微在未』命盤格式和『紫微在丑』命盤格式是顛倒相反的兩個命盤格式。『紫微在丑』命盤格式是臨卦。是一切事物、運氣在茁壯增長的情形。而『紫微在未』命盤格式是一切事物和運氣在衰老，退化中的情形。

因此『紫微在未』命盤格式的人，在其人一生中，屬於先甜後苦的人生，也會在命盤格局中，上半個盤代表的是平和的人生，下半個盤代表的是起伏、退化的人生。例如在子、丑、寅、卯、辰、巳等宮中都是太陽、天梁、天相、天同等溫和的星。在午、未、申、酉、戌、亥等宮中就有天機、破軍、空宮、廉貪等多變化、破耗、陷落、不吉的星。這也是一生中好運、壞運各一半的人生了。

紫微在未

巳	天機(廟) 午	紫微(廟) 破軍(旺) 未	申
太陽(旺) 辰			天府(旺) 酉
武曲(平) 七殺(旺) 卯			太陰(旺) 戌
天同(平) 天梁(廟) 寅	天相(廟) 丑	巨門(旺) 子	廉貞(陷) 貪狼(陷) 亥

紫微在申

太陽(旺) 巳	破軍(廟) 午	天機(陷) 未	紫微(旺) 天府(得) 申
武曲(廟) 辰			太陰(旺) 酉
天同(平) 卯			貪狼(廟) 戌
七殺(廟) 寅	天梁(旺) 丑	廉貞(平) 天相(廟) 子	巨門(旺) 亥

『**紫微在申**』命盤格式屬於否卦『䷋』。就是『天地否』卦。『否』是閉塞不通的意思。此卦的上卦是乾卦，是天，是陽氣上升，下卦之坤卦，是地，是陰氣下降。陰陽兩氣不暢通，這也表示外在非常好，但內裡卻各行其事。

也就是在一切事物，運氣到了最好，最旺的時候，也就是壞的事物和運氣要開始了。『紫微在申』命盤格式和『紫微在寅』命盤格式是命盤格局完全相反的兩個命盤格式。『紫微在寅』是『泰卦』，是一切事物、運氣平順、安泰、通暢的人生格局，而『紫微在申』的命盤格局中的人生格局，就是好到了極點，人生就要走下坡了。所以我們可以比較『紫微在寅』和『紫微在申』兩個命盤格式，『紫微在寅』命盤格式中，運勢弱的年份在丑、卯年。而『紫微在申』命盤格式中，運勢弱的年份在午、未年，是破軍和天機陷落。有盛極而趨弱的現象。並且在申宮的紫微居旺，天府也只在得地之位，並不如在寅宮的紫府，在廟旺之位那麼旺了。

因此『紫微在申』命盤格式的人，在其人一生中，容易有旺極轉弱的人生，也會有否極泰來的人生。

『紫微在酉』命盤格式是屬於觀卦『䷓』。就是『風地觀』卦。『觀』就是由下向上看的意思。也有觀看、示範的意思。『物大然後可觀，故受之以觀』。表示一些事物和運勢壯大了，旺盛了，大家都看得到了。但隱約

紫微在酉

武曲(平) 破軍(平) 巳	太陽(旺) 午	天府(廟) 未	天機(得) 太陰(平) 申
天同(平) 辰			紫微(旺) 貪狼(平) 酉
卯			巨門(陷) 戌
寅	廉貞(平) 七殺(廟) 丑	天梁(廟) 子	天相(得) 亥

中也有盛極趨衰的現象，運氣是漸漸要走向下坡了。『紫微在酉』命盤格式是和『紫微在卯』命盤格式是命盤格局相反的兩個命盤格式。『紫微在卯』命盤格式是大壯卦。是運氣強勢逐漸強盛壯大的氣象。而『紫微在酉』命盤格式的狀態是已經壯大了，正受人觀瞻景仰，逐漸衰退下來的狀態。

因此『紫微在酉』命盤格式的人，在其一生中會有盛極而衰，家道中落，或因受外界大環境的影響改變一生命運的遇合。

紫微在戌

巳	午	未	申
天同(廟)	武曲(旺) 天府(旺)	太陽(得) 太陰(陷)	貪狼(平)

辰			酉
破軍(旺)			天機(旺) 巨門(廟)

卯			戌
			紫微(得) 天相(得)

寅	丑	子	亥
廉貞(廟)		七殺(旺)	天梁(陷)

『紫微在戌』命盤格式屬於剝卦『䷖』。就是『山地剝』卦。『剝』就是慢慢剝落、損耗、耗蝕掉了的意思。剝卦的上卦代表是山，下卦是地，剝卦的意義就像山上的土被雨水沖下，形成土石流，散落到平地。『致飾，然後亨則盡矣！故受之以剝，剝者剝也。』

這也代表人的運氣和一切事物旺到了極點，非常的富有亨通了，已經到了盡頭，物到了極點必然要反了，所以開始剝落、耗損了。形成一個生生滅滅的循環。

『紫微在戌』命盤格式和『紫微在辰』命盤格式是顛倒過來，其中星曜格局皆在相反的位置上。而『紫微在辰』命盤格式是屬於夬卦，要做決斷來奮戰，是持盈保泰時，要能做決斷。去除不好的，有影響的事物，使自己的運氣繼續維持在高峰之上。『紫微在戌』命理格式是剝卦。也是到了一個極盛時需要改變的境況。不改變就會慢慢耗損掉。所以這兩個卦是相互呼應的卦象。而『紫微在辰』和『紫微在戌』兩個命盤格式也是相互呼應的命盤格式了。

因此，『紫微在戌』命盤格式的人，在其人一生中容易出生於家道中落的家庭，必須經過自己的努力，晚景才會好。我們可以看到『紫微在戌』命盤格式的前半個格局，在子、丑、寅、卯、辰、巳等宮中，有丑宮、卯宮是空宮，子宮是七殺，寅宮是廉貞，辰宮是破軍，須要打拼努力，狀況不十分好，一直到巳宮是天同，才慢慢平順。而此命盤格局中半個格局，在午、未、申、酉、戌、亥等宮中都是財星、吉星、福星，因此可知『紫微在戌』命盤格式的人，是生活在一個逐漸走下坡、耗損的環境中來奮戰努力的。

紫微在亥

天府(得) 巳	天同(陷) 太陰(平) 午	武曲(廟) 貪狼(廟) 未	太陽(得) 巨門(廟) 申
辰			天相(陷) 酉
廉貞(平) 破軍(陷) 卯			天機(平) 天梁(廟) 戌
寅	丑	子	紫微(旺) 七殺(平) 亥

『紫微在亥』命盤格式屬於坤卦『☷』。就是『坤為地』卦。『坤』就是大地，也代表月亮，因此有柔順、平靜、祥和的意思。

『紫微在亥』命盤格式和『紫微在巳』命盤格式是格局顛倒過來的兩個命盤格式。其卦象也是相反的。坤卦代表著大地會養育萬物的生長和希望。因此在『紫微在亥』命盤格式中後半個盤局比較好，為其人一生運勢的走向。

在前半個盤局，如子、丑、寅、辰等四個宮位為空宮，卯宮又是廉破。巳宮天府是在得地之位。後半個盤局，如午、未、申、酉、戌、亥等宮，慢慢出現吉星，終至平順祥和的境界了。『紫微在亥』命盤格式的人，一生中也是一半的日子，是弱運，一半的日子是平順的好運的生活。

第三章　紫微星曜的種類、五行屬性、陰陽、化氣及主司之職

第一節　紫微星曜的種類

在紫微斗數中星曜大致歸類於正曜、偏曜、化曜、雜曜四大類。

正曜

在正曜中有紫微、天機、太陽、武曲、天同、廉貞、天府、太陰、貪狼、巨門、天相、天梁、七殺、破軍、文昌、文曲、左輔、右弼、祿存。共有十九顆星，此十九顆星曜皆屬於甲級正曜星。

偏曜

偏曜有擎羊、陀羅、火星、鈴星、天魁、天鉞，共六顆星，皆稱為甲級偏曜星。

化曜

化曜是指化權、化祿、化科、化忌四顆化星，此皆為甲級化曜星。

雜曜

在斗數中凡不屬於正曜、偏曜、化曜的星辰，尚有八十一顆星，都分別是乙、丙、丁、戊級的小星曜，皆稱為雜曜。在這些雜曜中不但包括了時系諸星、月系諸星、日系諸星、干系諸星、支系諸星，同時也包括了生年博士十二神，以及五行局長生十二神，還有截空、旬空、天傷、天使，流年歲前諸星，流年將前諸星等等，現在就把這些八十一個雜曜名稱排列於後：

乙級雜曜：地劫、天空、台輔、封誥（以上四星是時系諸星），天刑、天姚、天馬、解神、天巫、天月、陰煞（以上七星是月系諸星），三台、八座、恩光、天貴（以上四星是日系諸星），天官、天福（以上二星是干系諸星），天哭、天虛、龍池、鳳閣、紅鸞、天喜、孤辰、寡宿、蜚廉、破碎、天才、天壽（以上十二星是支系諸星）。

丙級雜曜：博士、力士、青龍、小耗、將軍、奏書、飛廉、喜神、病符、大耗、伏兵、官府、長生、沐浴、冠帶、臨官、帝旺、衰、病、死、墓、絕、胎、養（以上十二星是五行局長生十二神），截空、旬空、天傷、天使。

丁級雜曜：歲建、晦氣、龍德、天德、將軍、攀鞍、歲驛、華蓋。

戊級雜曜：喪門、貫索、官符、小耗、大耗、白虎、弔客、病符、息神、劫煞（丁級、戊級星皆為流年歲前諸星和流年將前諸星）。

（通常在論命中，甲級星的影響力是最大的，其次是乙級星和丙級星略有用到。丁級星和戊級星影響力微薄，只會在特定的某些事物上顯現徵兆。）

第二節　紫微星曜的五行屬性、陰陽、化氣及主司之職

紫微星：為北斗主星。五行屬土，為己土。屬陰，為至尊之宿，又名帝座，化氣為尊。專司官貴之職，為事業之星。亦主黃色，主生女。

天府星：為南斗主星。五行屬土，為戊土。屬陽，主延壽解厄，司權之宿，又稱『令星』。化氣為令。亦為財帛、田宅主，又名『祿庫』、『財庫星』，為富貴之基。在數掌財祿、衣食、田宅，為輔佐帝座之輔臣。為深土色、咖啡色。主生男。

天機星：為南斗第三星。五行屬木，為乙木。屬陰，化氣為善，又名善宿，為延年益壽之星，為兄弟主，專司兄弟手足之主宰。主綠色，主生男。

太陽星：為中天主星。五行屬火，為丙火。屬陽，主權貴，專司官祿之主。

在人為父、為夫，為男性。主紅色、主生男。

武曲星：為北斗第六星。五行屬金。為辛金。屬陰，化氣為財。專司財帛，為財帛主。又稱將星。主白色、生女。

天同星：為南斗第四星。五行屬水，為壬水。屬陽、主福，可延壽，化氣為福，為福德主。可解厄制化。為福星及延壽保生之宿。主黑藍色、主生男。

廉貞星：為北斗第三星。五行屬火，為丁火。屬陰，化氣為囚。又稱『囚宿』。專司品職、權令。為官祿主，在身宮、命宮出現為次桃花。主紅色、生女。

太陰星：為中天主星。五行屬水，為癸水。屬陰，化氣為富，為財星。又為財帛主及田宅主。又為母星，在男子為妻宿。在人代表母、妻、女。主淺藍色、淺紫色。主生女。

貪狼星：為北斗第一星。五行屬木，為甲木。屬陽，化氣為桃花。為禍福主，亦為解厄之神，又稱好運星。亦為桃花星，亦為偏財星，亦為將星，主爭。主綠色，主生男。

巨門星：為北斗第二星，五行屬水，為癸水。屬陰，化氣為『暗』，在數主是非暗昧。又稱『隔角煞』。為陰精之星，在人之身宮、命宮，主一生多招是非，六親不合。主黑色，主生女。

天相星：為南斗第三星，五行屬水，為壬水，屬陽，化氣為『印』，為官祿之主。專司衣食。能制廉貞之惡，在數司爵，為善福，為衣食享受之宿。主深藍色，主生男。

天梁星：為南斗第二星。五行屬木，為戊土，屬陽，化氣為『蔭』。主壽，有解厄制化之功。此乃父母之主宰。專司壽祿，為延壽之星。亦為危解厄，復建之星。主深土色、咖啡色、主生女。

七殺星：為南斗第六星。五行屬金，為庚金。屬陰，化氣為『將軍』。主肅殺。此為火化之金，為孤剋刑殺之宿，在數中為上將，亦為成敗之孤辰。專司權柄，亦司生死。遇紫微化為權。主青白色、主孤。

破軍星：為北斗第七星，五行屬水，為癸水。屬陰，化氣為『耗』。主禍福。

專司夫妻、子息、奴僕之宿。在數為殺氣，又稱耗星，亦為戰將星，主奔波勞碌。主黑色，在子嗣主先損後招。

祿存星：為北斗第三星。五行屬土，為己土。屬陰，化氣為『爵祿』。專司貴爵與掌壽基之星宿，有解厄制化的功能。又稱祿星，為吉星。忌單守，會被羊陀相夾制為凶。主黃色，在子嗣主孤單一人。

文昌星：為南斗第五星。五行屬金，為辛金。屬陽，化氣為『科甲』。為文魁之星，專司科甲聲名，又稱『文貴』。此為文學之宿。

文曲星：為北斗第四星。五金屬水，為癸水，屬陰，化氣為『科甲』。專司科甲、聲名，為舌辯之士。異途功名，及文雅風騷之宿，又稱文華。亦為桃花星。入人之身宮、命宮，為桃花滾浪之命格。

左輔星：為北斗助星。五行屬土，為戊土。屬陽，化氣為『助力』。為紫微帝座輔佐之星，在數主善，行善令。

右弼星：為北斗助星。五行屬水，為癸水，屬陰，化氣為『助力』。為紫微帝座輔佐之星，在數主善，專司制令。

天魁星：為南斗助星。五行屬火，為丙火。屬陽，化氣為『陽貴』。為天乙貴人，白日出生之人主貴。專司科甲、名聲之星。為陽貴人、長輩貴人。

天鉞星：為南斗助星。五行屬火，為丁火。屬陰，化氣為『陰貴』。為玉堂貴人。夜裡出生之人主貴。專司科甲、名聲之星。為陰貴人（不出面之貴人），長輩貴人。

擎羊星：為北斗助星。五行屬金，為庚金，屬陽，化氣為『刑』。在數主凶厄，又稱『天壽星』。主刑傷。為刑罰之宿、主刑剋，外傷、明傷。

陀羅星：為北斗助星。五行屬金，為辛金。屬陰，化氣為『忌』。在數主凶厄，又稱『馬掃煞』。主是非災厄，刑剋，為暗箭，為內傷。

火　星：為南斗助星。五行屬火，為丙火。屬陽，化氣為『殺』，又稱『殺神』。在數主凶厄。又稱『大殺將』。主性剛猛。

鈴　星：為南斗助星。五行屬火，為丁火。屬陰，化氣為『殺』，又稱『殺神』。在數主凶厄。為『大殺將』。主性暴烈。

化權星：不屬於南、北斗的星曜，在地球下方，是宇宙中之浮星。五行屬木火。屬陽。在數掌生殺之宿，化氣為權勢，主吉。主南方。主火炎而旺。化權星入財官為大吉，入六親宮，主霸道、爭執、不和。化權星在斗數中以跟隨巨門、武曲二星最吉，最有力量。

化祿星：不屬於南、北斗的星曜，在地球下方，是宇宙中之浮星。五行屬土金。屬陰。主西方。主秋收。化氣為財祿。在數為福德之神。主吉。化祿星掌禍福與財祿，喜見祿存。

化科星：不屬於南、北斗的星曜，在地球之下方，是宇宙浮星。五行屬水木。屬陽。化氣為聲名。為主應試主文之星。在數為上界掌文墨之宿。喜會魁鉞。

化忌星：不屬於南、北斗之星曜，在地球上方，是宇宙浮星。五行屬壬水，屬陽，化氣為多咎。為上界多管、嫉妒之星，主是非口舌，又稱為計都星。

※化權、化祿、化科、化忌四化星，在斗數星曜論命組合中，在垂象未應時，

即以此四化來配合斷出吉凶。也就是說以星曜為命體，以四化為用神之意。實則以四化為星曜組合加分、減分的力量。

天馬：為中天斗星，屬丙火，屬陽，化氣為驛馬。在數主奔馳。為司祿之星，主遷動、善變。逢善則喜，逢凶則惡。最喜與祿存、化祿交馳於命宮、身宮，且需在乘旺之地最吉。

天刑：五行屬丙火，屬陽，化氣為孤剋，主刑夭。在廟地又稱大喜神，可掌兵符刑罰，遇太陽為武貴，有極度之權威，在數主醫藥。

天姚：五行屬癸水，屬陰，化氣為風流。在數主愛慕、風流、好淫。此星入廟為風雅、文采、秏祿。陷地為好淫、陰毒。

陰煞：五行屬水，屬陰，又稱『鬼神』。化氣為『小人』。主小人暗害，主是非。陰煞入命宮、身宮、遷移宮、福德宮、夫妻宮者，身心多鬱悶、猜疑、多想，最易犯陰煞。

紅鸞：五行屬癸水，屬陰。主婚娶喜慶之事。主紅色，主桃花。

天喜：五行屬壬水，屬陽。主婚娶喜慶之事。主桃花及早熟但略帶孤獨。

天哭：五行屬丙火，屬陽。化氣為『刑剋』。主憂傷，愛哭。會助巨門之凶。

天虛：五行屬丁火，屬陰。化氣為『空亡』，主憂傷、虛華、貧賤。會助破軍之惡。

龍池：五行屬壬水，屬陽。主科甲、聲名，可輔助天府，有食祿享受。

鳳閣：五行屬戊土。屬陽。主科甲、聲名，可輔助天相，增富貴享受。

三台：五行屬戊土，屬陽。化氣為『主貴』。可輔助日月，主貴。

八座：五行屬己土，屬陰。化氣為『主貴』。可輔助日月，主貴。

台輔：五行屬戊土，屬陽。為臺閣之星，主貴。專輔左輔而貴顯。

封誥：五行屬己土，屬陰。為封章之星，主貴。專輔右弼而貴顯。

天傷：五行屬壬水，屬陽。化氣為『虛耗』。主破耗、病變。

天使：五行屬癸水，屬陰。化氣為『災禍』。主災禍、是非、口舌、病變。

天才：五行屬癸水，屬陰。主才能、智商高、聰明、機伶。可輔天同、天機星而增益智。智慧高。

天壽：五行屬戊土，屬陽。主長壽。可輔天梁、天機、貪狼而增壽。

恩光：五行屬丙火，屬陽。主受殊恩。易近上貴之人，專輔天魁而增貴。主以文藝而貴顯。

天貴：五行屬戊土，屬陽，主官爵貴顯。易得上司寵信提拔，專輔天鉞，而得聲名。主以信用而貴顯。

天官：五行屬戊土，屬陽。主顯達主貴。專輔天梁，以學術、聲名主貴。

天福：五行屬戊土，屬陽。主爵祿厚福，專輔天同，有陰德，福蔭。

孤辰：五行屬丙火，屬陽。化氣主『孤』。忌入父母宮、命宮、身宮、福德宮。主孤獨、孤僻、六親無靠。

寡宿：五行屬丁火，屬陰。化氣為『寡』。忌入夫妻宮、命宮。主孤獨，不近人情，孤男寡女，無嗣。

蜚廉：五行屬火，主孤剋，化氣為『孤』。忌入命宮、身宮、父母宮。

破碎：五行屬火，屬陰，在數主殘破不全。忌入命宮或行限運，有勞碌、孤寒、破敗、是非之不吉。

華蓋：五行屬木，屬陽。在數為威儀、儀表。化氣為『孤高』。此星逢日月則主威儀。主孤獨有宗教信仰、不合群。

咸池：五行屬癸水。屬陰。化氣為『桃花』，在數主邪淫。又稱『桃花煞』。忌入命宮、身宮、財帛宮、福德宮，主好色耗財。

劫煞：五行屬丁火，屬陰。化氣為『盜』。在數為小人，主是非、劫財、傷身。喜有諸吉星來化解，忌諸凶星同宮增凶。

大耗：五行屬丙火，屬陽。化氣為『耗財』。在數為暗耗。主退祖破財。忌入命宮、財帛宮、田宅宮、福德宮。與桃花星同宮，主因色失財或煩憂。

天巫：化氣為『升遷』。主有升遷之吉。與吉星同宮有助升遷，否則無用。

天月：化氣為『病』。入命宮、疾厄宮主有病。

截空：化氣為『空亡』。主皆空。忌入命宮、身宮，喜入疾厄宮。主對事業、錢財、各種事物會受阻、成空。

旬空：化氣為『空亡』。主皆空。忌入命宮、身宮，喜入疾厄宮。主破財成空。

博士：五行屬水。化氣為『聰明』。主聰明、好文藝、有壽、有權。

力士：五行屬火。化氣為『權勢』。喜與化權同宮，可增輝，可操持權柄。

青龍：五行屬水。化氣為『喜氣』。主進財有機變。辰年逢青龍最吉。

小耗：五行屬火。化氣為『耗損』。主不聚財、耗財。限運流年或流月逢小耗在命宮及財帛宮，加遇煞星，主失財。

將軍：五行屬木，化氣為『威猛』。主性情暴烈威猛。流日逢之主得意，剛猛。

奏書：五行屬金，化氣為『福祿』。主有福祿，或因文字、文書而有得意之喜事。

飛廉：五行屬火，化氣為『孤剋』。主孤，有剋害、遭忌。遭人造謠生事之情形。忌入命宮、身宮、父母宮、福德宮。

喜神：五行屬火，化氣為『延續』。主能延續，有吉慶之事。

病符：五行屬水，化氣為『災病』。主有災病。忌入命宮、疾厄宮、福德宮。

流年、流月逢之與煞星同宮，有災病是非不吉之事。

伏兵：五行屬火，化氣為『是非』。主口舌是非，與陀羅同宮更惡。

官府：五行屬火，化氣為『訟』。主口舌刑杖。忌與七殺、白虎、喪門、弔客同宮。

（以下為長生十二神中之星曜，此十二星皆是有關運氣循環起伏之星，所含之意義並不強勢）

長生：化氣為『生發』。主生發。入諸宮皆吉，不忌凶星，忌空亡。喜與天機同宮，最有力量。

沐浴：化氣為『桃花』。主桃花，喜落空亡，或入夫妻宮，則主閨房和樂。忌入命宮、身宮、財帛宮、田宅宮、福德宮、主淫。

冠帶：化氣為『喜慶』。主喜慶。喜入命宮，有事業成就之喜事。

臨官：化氣為『喜慶』。主喜慶。主貴。入諸宮皆為吉。

帝旺：化氣為『旺壯』。主旺壯。主氣勢旺，身體健康強壯。

衰：化氣為『頹敗』，主頹敗。忌入少年運、壯年運，忌入小限、流年，有不進取之現象。

病：化氣為『疾病』。主疾病。忌入少年運，亦忌入命宮及疾厄宮，會身體不佳。

死：化氣為『死亡』。主死亡、無生氣。忌入小限、少年運，忌入命宮。

墓：化氣為『藏』。主欽藏，忌入命宮，身宮。喜入財帛宮、官祿宮、田宅宮。

絕：化氣為『滅絕』。主滅絕。忌入命宮、身宮、子女宮、易孤獨。喜入疾厄宮。

胎：化氣為『喜』。有增益之象。喜入夫妻宮、子女宮、田宅宮。忌入晚年運。忌落空亡。忌入疾厄宮。

養：化氣為『福』。主福。利於培育、促成希望，在諸宮皆吉。

以下為流年將前諸星：

將星：化氣為『化凶為吉』，喜入命宮、身宮，主武貴。文人逢之不吉。不忌凶星。

攀鞍：化氣為『功名』。主功名，可逢凶化吉，喜入命宮、身宮，主武職顯貴。

歲驛：化氣為『遷動』。主遷移。入命宮及身宮主遷移。此星為流年之天馬，於流年命宮或流年遷移宮中出現，主奔忙或遷動，再遇天馬，會出國。

息神：化氣為『消沈』。主消沈。忌入命宮，主其人無生氣，意志消沈。

華蓋：主孤高，思想獨特，有宗教、哲理研究之愛好，遇紫微、破軍，可為宗教界之領袖，有宗教狂熱。

劫煞：化氣為『盜』。主劫財。忌與凶星同宮，主劫耗錢財。

災煞：化氣為『災患』。主災禍是非，在錢財上遇小人災害。忌與凶星同宮。主劫耗錢財。

天煞：主剋父及剋夫。忌入命宮、身宮、父母宮、夫妻宮。

指背：化氣為『誹謗』。忌入命宮、身宮。

咸池：化氣為『桃花』。主桃花是非，為桃花劫。忌入命宮、身宮、財帛宮、福德宮、田宅宮，主好色。

月煞：主剋母、剋妻。忌入命宮、身宮、父母宮、夫妻宮。

亡神：化氣為『耗敗』。主耗敗錢財。主一年之禍福。

歲建：五行屬火。為多管之神，主一年中之吉凶禍福。忌與凶星同宮。亦忌在命宮對宮相沖照。

晦氣：化氣為『咎』。主是非不順利。

喪門：五行屬水。化氣為『喪亡』。主有孝服，傷剋妻子，主驚。

貫索：主災獄、被困。在寅、申宮為入廟，災禍較輕。

官符：主訟，五行屬火。主官非刑杖，忌與凶星同宮。在丑、未宮為入廟，災禍較輕。

小耗：五行屬火，主小失，忌與凶星同宮。主小有耗財。

大耗：五行屬火。主大敗，忌與凶星同宮。忌入命宮、身宮、財帛宮、田宅宮，主破敗退祖業。

龍德：主逢凶化吉。喜入命宮、身宮。

白虎：五行屬金。主凶。主刑傷、災禍。不喜照會喪門、弔客、官符，有災禍、刑剋、血光發生。

天德：主化凶為吉。喜入命宮、身宮。在大限、流年逢之，可對桃花有抵制作用。

弔客：五行屬火，主孝服及不順之事。

病符：主災病。有小病災。

小限：主一年之休咎，主一年中之吉凶、是非、好壞。

斗君：主一月之休咎，主一月中之吉凶。

（某些紫微斗數的書上，以及軟體中尚出現有地空，年解、天廚等星，這些是八字中的神煞，在某些派別的斗數中也會出現，一併解釋）

地空：五行屬丁火，屬陰。乃劫殺之神。此星又稱斷橋煞。化氣為『劫殺』。主孤虛、耗退祖業。是被自己內在精神上的空虛耗敗所導致的問題，而產生不吉或災禍。

年解：為解凶化吉之星，為一年中解凶化吉有效。入小限及流年命宮吉。

天廚：又名食神祿。主有天祿可食，此星居旺，有吃食之祿，表示有官位。此星居弱時則喜下廚烹割。

第四章 紫微星曜的躔次旺度

在紫微斗數的星曜中的躔次（星的位次）旺度，是以甲級星的躔次旺度為最高，乙級星次之，丙級星為第三級。丁級星、戊級星更依次遞減等級。

※在論命中，丙級星以下，常因躔次旺度低，影響力不大，而且有些星只會在流年、限運中，因與該宮位的主星性質略似，而形成禍福。在限運中，若主星為吉星，丙級以下不吉的星曜發揮的能力小，吉星會制衡他們。若主星為凶星，丙級以下趨吉的星曜發揮的能力也小，身為甲級、乙級的凶星會壓制小吉星。若主星為凶星，同宮又有丙級以下的小凶星，則一起作亂，更增不吉。故一般論命常略去丙級以下的星曜，只有少數幾個會拿來談論。

甲級星的躔次旺度分析

紫微星

紫微星是北斗主星，屬陰，為己土。主貴，為尊，又稱帝座。所以紫微星在斗數中的躔次（星的位次）是第一等極高的層次了。紫微星五行屬土，土必須有火助才會旺，是故紫微星在午宮居廟，在丑、未宮也居廟，又因丑宮是北方潮溼之地，故『未宮紫破』同宮時的紫微星是略旺於『丑宮紫破』同宮時的紫微星的。

紫微星是在寅、卯、巳、申、酉、亥宮為居旺位。寅、卯屬木，但寅中有丙火。卯中有乙木，巳、申、酉三宮屬金，但巳中有丙火，申中有壬水，酉中有辛金。乙木、壬水皆不利於土。是故紫微星在寅宮是略旺於申宮的（紫府同宮於寅是略旺於紫府同宮於申宮）。紫微星在巳宮也是略旺於在亥宮的（紫殺同宮於巳宮是略旺於紫殺同宮於亥宮）。

紫微在卯、酉宮時，是和貪狼同宮。卯宮屬乙木，是剋土的。酉宮屬金為土所生。故紫微在卯、酉宮同居旺位，但會在酉宮略旺。但在紫貪這一組星曜中，因貪狼屬木，在卯、酉宮雖居平位，但貪狼在卯宮較旺，在酉宮略遜，故紫貪這一組星曜在卯宮是靠貪狼的力量較強，在酉宮是紫微的力量較強。

紫微在巳、亥宮時，因巳宮屬金，在南方，又帶火。亥宮有壬水、甲木，會剋制土。故紫微在巳宮的旺度比在亥宮強。紫微在巳、亥宮時必與七殺同宮，七殺屬火金，因此紫殺也以在巳宮較旺於在亥宮。

紫微星在辰、戌宮為居得地剛合格之位。辰、戌宮為墓宮、土宮。但辰宮為帶水之土宮，戌宮為帶火之土宮，故紫微星在戌宮是略旺於辰宮的。紫微在辰、戌宮和天相同宮。天相屬水。紫相同宮於辰宮時，天相雖亦在得地剛合格之位，但仍略旺於在戌宮。

所以在紫相同宮時，在辰宮是天相的作用略大。在戌宮是紫微的作用略大。星的位次由此定出。

紫微星是子宮居平位。子宮屬水，不利於土，故紫微在子宮最弱。

紫微星在十二宮的躔次旺度依次定出

①在午宮居廟②在未宮居廟（紫破）③在寅宮居旺（紫府）④在丑宮居廟（紫破）⑤在申宮居旺（紫府）⑥在巳宮居旺（紫破）⑦在酉宮居旺（紫貪）⑧在卯宮居旺（紫貪）⑨在亥宮居旺（紫殺）⑩在戌宮居得地（紫相）⑪在辰宮居得地（紫相）⑫在子宮居平位。

天府星

天府星是南斗主星，屬陽，五行為戊土。又稱令星，為司權之宿。主延壽解厄。天府是南斗主星，和紫微星遙遙在南北相對，它是根據紫微星的位置而移動的（其實是根據天象的移動而轉移），是故它是略次於紫微星而尊貴的星曜。其躔次位階低於紫微星。

天府星在子宮、丑宮、寅宮、辰宮、未宮、戌宮為居廟位。天府在午宮、酉宮為居旺位。天府在卯、巳、申、亥宮為居得地剛合格之位。天府是無居平陷之位的。

天府在子宮、午宮和武曲同宮，而武曲都是居旺位。但二者比較起來，因天府在子宮居廟位，而在午宮居旺，較次，故而武府在子宮，是吉度層次較高的財富旺位。武府在午宮，為次之。

※星曜的旺度與位次也會受對宮相照的星曜所影響而致位次、旺度有高低、旺弱之分的。同時也會受同宮星曜的旺弱來影響的。在同宮與相照兩種影響中，以同宮的影響最大。以相照為次之。

例如天府在丑、未宮皆居廟位，但對宮為廉貞、七殺。廉貞居平，七殺居廟。它就不會像紫府同宮時，有更強盛的主貴、主富的力量。它只有平順主富的力量而已了。

又例如廉府同宮在辰宮、戌宮時，廉貞也居平位，天府居廟位，雖然也有主富的特性，但因廉貞居平，拉低了天府在辰、戌宮居廟的位次是故廉府同宮的層次是低於天府獨坐丑、未宮時有廉殺相照的星位層次的。

天府星出現時，對宮都有一顆七殺星遙遙相望，所以這是一種辛苦打拚，兢兢業業的努力所積存下來的財。

天府在卯、巳、申、亥宮為居得地之位，但這四種狀況也是有位次高低之分的，吉度也有高低之分。天府在卯宮時是單星，對宮是武曲、七殺。武曲居平，七殺居旺。天府在申宮時，是紫微、天府同宮，紫微居旺，自然天府在申宮，雖居得地之位，但星的位次會因和紫微同宮又提高地位。

天府在巳、亥宮時是單星獨坐，但對宮有紫微、七殺相照。紫微居旺、七殺居平。因此天府在巳、亥宮時的地位也會比在卯宮為高。另外天府在亥宮時的位次也會比在巳宮時略高。

天府星在十二宮躔次旺度

①在寅宮紫府同宮居廟（主貴星第一）②在子宮武府同宮居廟（主富星第一）③天府在丑宮居廟④天府在未宮居廟⑤在辰宮廉府同宮時居廟⑥在戌宮廉府同宮時居廟⑦在午宮武府同宮時居旺位⑧天府在申宮，紫府同宮時居

得地之位⑨天府在酉宮獨坐，有武殺相照，居旺位⑩天府在巳宮時，有紫殺相照，居得地之位。⑪天府在亥宮時有紫殺相照，居得地之位。⑫天府在卯宮獨坐，有武殺相照。

※以上是單談天府星的躔次（星的位次）旺度，若以吉度來討高低，武府在子宮為第一，武府在午宮也會高於廉府同宮。因武曲是財星又居旺的關係，廉府同宮時，廉貞居平位，而影響了天府的實得財富。

天機星

天機星雖是南斗第三星，但在排列時，它卻是屬於紫微諸星中的一星，也就是紫微星排列出來了，逆數一宮便是天機星的位置，所以它是隨紫微星落座的位置而變化的。

天機星獨坐時只有在子宮、午宮火居廟位。天機在卯、酉宮，與巨門同宮時居旺。此時巨門居廟。以機巨同宮在卯宮為較吉，位次比機巨在酉宮為高。天機星在寅、申宮居得地剛合格之位。天機在寅、申宮時會和太陰同宮，又因機陰在寅宮同宮時太陰居旺，機陰在申宮同宮時，太陰居平，因此機陰在寅宮的旺度位次是高於在申宮的。

天機星獨坐巳、亥宮以及在辰、戌宮和天梁同宮時都是居平位的，在這四個狀況中，天機在辰、戌宮和天梁同宮時，因有居廟的天梁星同宮，抬高了天機星的位次。因此它是高於天機獨坐巳、亥宮的旺度位次的。『機梁同宮在辰宮』又高於『機梁同宮於戌宮』。天機獨坐巳宮又高於天機獨坐亥宮。因天機在巳宮，對宮有居廟的太陰星相照之故。而天機獨坐亥宮，對宮的太陰為居陷相照，因此層次較低。此外天機在丑、未宮獨坐為落陷，對宮都有居旺的天梁星。

但在丑宮的天機落陷仍會略高於在未宮的天機落陷。因為天機屬木，天梁屬土，丑宮為潮溼帶水之土宮，利木。未宮為帶火之土宮，天梁屬土，在未宮有火助旺。天機在丑宮，木得水助旺之故。

天機星在十二宮的躔次旺度

①天機在子宮獨坐居廟②天機在午宮獨坐時居廟③在卯宮，機巨同宮時④在酉宮機巨同宮時⑤在寅宮，機陰同宮時⑥在申宮機陰同宮時⑦在辰宮機梁同宮時⑧在戌宮機梁同宮時⑨在巳宮天機獨坐居平，有太陰居廟相照時⑩在亥宮天機獨坐居平，有太陰陷落相照時⑪天機獨坐陷在丑宮時⑫天機獨坐落陷在未宮時。

※以上只是單就天機星的躔次旺度所做的等級之分。若在論命時則以機巨坐命或機巨限運是強於天機獨坐子、午宮的。其中更有機陰在寅宮的命格、運限是高於機梁的命格、運限的。這主要是因為同宮的星曜提高了天機星的特質之故。

太陽星

太陽星是中天主星，它不屬於南、北斗星。但是在斗數中排列時，它是隨紫微星而定位置的，因此在斗數中排列時，仍算是紫微諸星中之一。

太陽星在寅、卯宮為『初升』，在辰、巳宮為『升殿』，在午宮為『日麗中天』，在未、申宮為『偏垣』，在酉宮為『西沒』，在戌、子、亥宮為『失輝』。所以太陽在卯宮為居廟位，在寅、辰、巳、午宮為居旺位，在未宮、申宮居得地剛合格之位，在酉宮居平位。在戌、亥、子、丑宮居陷位，此時太陽在地平線以下，入夜時分看不到陽光了。

太陽星在十二宮的躔次旺度

①在卯宮，陽梁同宮時②在午宮太陽獨坐時③在巳獨坐時④在辰宮獨坐時⑤在寅宮，陽巨同宮時⑥在未宮，日月同宮時⑦在申宮，陽巨同宮時⑧在酉宮居平，陽梁同梁時⑨在丑宮居陷，日月同宮時⑩太陽在子宮居陷獨坐，

有天梁相照時⑪太陽在戌宮居陷，有太陰陷落相照時⑫太陽在亥宮落陷，有巨門相照時。

※以上是單以太陽星的躔次旺度來訂的，若以論命吉度來訂高低，則在亥宮落陷的太陽，有居旺的巨門來相照，會比太陽在戌宮居陷的實質利益高。

武曲星

武曲星是北斗第六星。五行屬金。

武曲星在辰宮、戌宮、丑宮、未宮居廟位。但武曲在辰宮略旺於在戌宮。因辰宮為帶水之土宮，而戌宮是帶火之土宮，武曲在辰宮，金水相得益彰。在戌宮，金被火剋之故。

武曲在丑宮、未宮居廟位，是和居廟位的貪狼同宮，丑宮屬北方帶水，未宮屬南方帶火，故武貪同宮時，以丑宮的旺度、位次、吉度高於在未宮。

武曲星在子宮、午宮為居旺，此時武曲與天府同宮。子宮屬水，午宮屬火，因此武府同宮時以在子宮較旺、位次較高，也較吉。

武曲在寅宮、申宮為得地之位。此時武曲與天相同宮。寅宮屬木，申宮屬金水。故武相在申宮較旺，位次較高，也較吉。

武曲在卯、酉、巳、亥宮為居平，武曲沒有落陷的時候。武曲是財星，居平位，已經是吉度非常低了。武曲在卯、酉宮時是和七殺同宮，武殺同宮，財星和殺星同宮，稱做『因財被劫』。因其對宮還有天府星相照，因此它是比武破同宮的位次高、吉度高的。

在武殺在卯、酉宮這一組星曜中，『武殺在卯宮』，要比『武殺在酉宮』的位次高，吉度高，因『武殺在卯宮』時，相照的天府星在酉宮為居旺。而『武殺在酉宮』時，其相照的天府星在卯宮只居得地之位而已。

武曲在巳、亥宮時居平位，是和破軍同宮，同樣屬於『因財被劫』，因為破軍是耗星，在巳、亥宮也居平位，故層次不高。但武破在巳宮同宮時會比在亥宮的位次略高。因為巳宮屬金，是金的長生之地，武曲也屬金，在金長生之地，故稱可增旺之故。

武曲星在十二宮的躔次旺度

①武曲在辰宮獨坐居廟時②武貪在丑宮同宮居廟時③武曲在戌宮獨坐居廟時④武貪在未宮同宮居廟時⑤武府在子宮同宮居旺時⑥武府在午宮同宮居旺時⑦武相在申宮同宮居得地之位時⑧武相在寅宮同時，居得地之位時⑨武殺在卯宮同宮居平時⑩武殺在酉宮同宮居平時⑪武破在巳宮同宮居平時⑫武破在亥宮同宮居平時。

天同星

天同星是南斗第四星，為福德主，五行屬水。

天同星在巳宮、亥宮為居廟位。天同屬水，以在亥宮為較旺，位次較高，巳宮次之。

天同星在子宮、申宮居旺，在子宮時天同和太陰同宮。因天同和太陰五行屬水，子宮又是水宮，故較旺、位次較高。天同在申宮時是和天梁同宮，此時天梁居陷，故位次較低。

天同在寅、卯、辰、酉、戌宮是居平位的。天同在寅宮是和天梁同宮，此時天梁居廟，是故抬高了天同的位次。因此在居平的天同星中算是最高的。天同在卯、酉宮居平獨坐。因對宮有太陰星相照。天同在卯宮時，因對宮相照的太陰星居旺，而位次高於天同居平獨坐於酉宮（因相照的太陰居陷）。天同在辰、戌宮時，因對宮都有落陷的巨門星相照，故在此二宮的天同星，位次都不高。而天同在辰宮的位次又略高於在戌宮。（因天同屬水，辰宮帶水，戌宮帶火之故）

天同星在丑、未、午宮是落陷的，在丑、未宮和居陷的巨門同宮，位次都很低。但同巨在丑宮仍略勝在未宮一籌。天同在午宮，是和居平的太陰同宮，位次高於同巨同宮。

天同星在十二宮的躔次旺度

①天同獨坐亥宮居廟時②天同獨坐巳宮居廟時③在子宮、同陰同宮居旺時④在申宮、同梁同宮居旺時⑤在寅宮同梁同宮居平時⑥天同獨坐卯宮居平時⑦天同獨坐酉宮居平時⑧天同在辰宮居平時⑨天同在戌宮居平時⑩天同在午宮居平，為同陰同宮時⑪同巨在丑宮落陷時⑫同巨在未宮落陷時。

廉貞星

廉貞星為北斗第五星，五行屬火，化氣為囚，為『囚星』。

廉貞星在寅宮、申宮獨坐時為居廟位。因廉貞屬火，故在寅宮的位次較高、較旺。在申宮為次之。

廉貞星在其他的宮位都是居平和居陷的。例如在子、丑、卯、辰、未、午、酉、戌宮都是居平位的。在巳、亥宮是居陷位的。

廉貞星居平位時，以在辰、戌宮和天府同宮時，位次較高，並且又以廉府在戌宮較優較吉。廉貞在子、午宮時是和天相同宮。又以在午宮的廉相略高於在子宮的廉相（但在論命時，因廉貞居平，天相居廟，則以在子宮的廉相較享福較吉）。廉貞在丑、未宮時，則和七殺同宮，以在未的廉殺略優於在丑宮的廉殺（因廉貞屬火，七殺屬火金，未宮屬火土宮，故而較旺）。廉貞在卯、酉宮會和破軍同宮，以在卯宮位次稍高於酉宮。

廉貞在巳、亥宮落陷時，是和貪狼同宮。此時貪狼也居陷，故極為不吉。但廉貪在巳宮仍略優於在亥宮。

廉貞星在十二宮的躔次旺度

①廉貞獨坐寅宮居廟時②廉貞獨坐申宮居廟時③廉府在戌宮同宮時④廉府在辰宮同宮時⑤廉相在午宮同宮時⑥廉相在子宮同宮時⑦廉殺在未宮同宮時⑧廉殺在丑宮同宮時⑨廉破同宮於卯宮時⑩廉破同宮於酉宮時⑪廉貪同宮於巳宮時⑫廉貪同宮於亥宮時。

太陰星

太陰星是月亮，是中天之主星。在斗數排列中，它是隨著天府星的落置而移動的，因此在年數排列時，它是屬於天府諸星之列的。

太陰星五行屬水。在子宮、丑宮、亥宮為入廟。在寅、酉、戌宮為居旺，在午宮、申宮為居平位，在卯宮、辰宮、巳宮為居陷位。

太陰在亥宮獨坐入廟，太陰屬水，亥宮也屬水，稱做『月朗天門』。夜生人主貴，即使有化忌星入宮，亦稱『變景』。因化忌星也屬水，同在水宮，化忌不忌之故。因此是第一等的旺位。

太陰在子宮，是與居旺的天同星同宮，子宮也是水宮，故稱為『水澄桂萼』之格。是次旺的位次。

太陰在丑宮，是和落陷的太陽同宮。此時太陽在地平線之下，但太陰（月亮）的光芒為太陽所反射，故太陰的位次仍很高。

太陰在寅宮居旺時，會與得地的天機同宮。太陰在酉宮居旺位時為獨坐，對宮有居平的天同星。太陰在戌宮居旺位時，對宮有居旺的太陽星相照。

在居旺位的太陰星的位次中，應以居戌宮有太陽相照居旺位獨坐的太陰星居第一。其次是居酉宮的太陰星（因酉宮屬金，金會生水，會助旺太陰星），再其次才是在寅宮的機陰同宮的太陰星。

在居平位的太陰星中，在申宮機陰同宮的一組星曜是略勝午宮同陰同宮的一組星曜的。因為機陰在申宮時，太陰居平，而天機居得地剛合格之位。再加上申宮中有金水，可助旺太陰。而同陰在午宮時，午宮是火宮，天同又居陷位，此時屬水的太陰在屬火的宮位而不吉，此故。

在居陷的太陰星中，在未宮日月同宮時，太陰雖居陷但太陽居得地之位，故較高，在辰宮的太陰居陷獨坐，會位次略低於前者但略高於其他落陷的太陰星，因辰宮有水，對太陰略有滋潤之功。其次是在卯宮的太陰星，在巳宮的太陰星為最弱、最低，因巳宮屬火金，太陰屬水，相剋之故。

太陰星在十二宮的躔次旺度

①太陰在亥宮獨坐居廟②在子宮，同陰同宮時③在丑宮，日月同宮時④太陰在戌宮獨坐居旺時⑤太陰在酉宮獨坐居旺時⑥在寅宮機陰同宮時⑦在申宮機陰同宮時⑧在午宮同陰同宮時⑨在未宮，日月同宮時⑩在辰宮，太陰獨坐居陷時⑪在卯宮太陰獨坐居陷時⑫在巳宮太陰獨坐居陷時。

※在論命時，會以同宮中的全部星曜的特質做一個共同整合性的斷定。因此日月同宮在未宮，雖因太陰星陷落的躔次較低，但有太陽居得地之位的關係，吉度會升高，至少會比『機陰在申宮』，『同陰在午宮』為高的。

貪狼星

貪狼星是北斗第一星。但在斗數排列時，它卻是隨天府星的落置而變動的。因此歸類於天府諸星之中。

貪狼星在丑、辰、未、戌四墓宮為居廟地。在這四個宮位，貪狼星不是和武曲同宮（在丑、未宮同宮），便是和武曲相照（在辰、戌宮為相照），因此貪狼星只有和武曲星相遇時，最吉，和其他星相遇則不然。

貪狼屬木，是水木。若純以貪狼星的立場來論，在居廟位的貪狼星中，則以在辰宮、丑宮的貪狼星是位次較高的。其中在丑宮的貪狼星因為又有居廟的武曲星為助力，位次是略高於『在辰宮獨坐居廟位』的貪狼星的。第三位便是在未宮的『武貪同宮居廟』的貪狼星了。第四位屬於貪狼在戌宮居廟的貪狼星。

※以上純是以星位次與旺度來看，若以論命的角度來看，武貪同宮時會有對宮是空宮相照的問題，空宮中極易進入凶星，即使是無其他星進入也是不好的。再加上命盤各宮位的星曜排列組合吉度反而沒有貪狼獨坐居廟的吉度高。因此武貪同宮時，貪狼星的位次與旺度是高的，但命盤中其他星曜的組合，卻沒有貪狼獨坐時好，故在論命時，是以貪狼獨坐居廟時為吉，為高的。

貪狼在子宮、午宮為居旺，以在子宮為位次較高。因為貪狼在子、午宮時，對宮都有紫微星。貪狼在子宮時，子宮屬水，貪狼屬水木，是吉位。對宮相照的紫微又是居廟位，因此較高。而貪狼在午宮時，對宮相照的紫微居平，因此較次。

貪狼在寅宮、卯宮、申宮、酉宮為居平位。貪狼在寅宮、申宮時為獨坐居平，對宮有居廟的廉貞星。以貪狼獨坐寅宮為較高。因寅宮屬木之故，在申宮次之。貪狼在卯宮、酉宮時會和紫微同宮，以在卯宮的紫貪同宮為高。

貪狼在巳、亥宮居陷，此時它是和居陷的廉貞同宮，若以貪狼的角度來談位次，則是以在亥宮的廉貪會比在巳宮的廉貪位次高，但在論命時，則是在巳宮、亥宮皆不吉的。

貪狼星在十二宮的躔次旺度

①在丑宮，武貪同宮時②貪狼獨坐辰宮居廟時③在未宮武貪同宮時④貪狼獨坐戌宮居廟時⑤貪狼在子宮獨坐居旺時⑥貪狼獨坐午宮居旺時⑦紫貪在

卯宮同宮時⑧紫貪在酉宮同宮時⑨貪狼在寅宮獨坐居平時⑩貪狼在申宮獨坐居平時⑪在亥宮廉貪同宮時⑫在巳宮廉貪同宮時。

巨門星

巨門星是北斗第二星。五行屬水。在斗數排列時，它也是歸類在天府諸星之列。

巨門星在寅宮、卯宮、申宮、酉宮是居廟位的。在子宮、巳宮、午宮、亥宮是居旺位的。在丑、未、辰、戌宮是居陷位的。

巨門在寅宮、申宮是和太陽同宮。雖同屬廟位，因在寅宮有居旺的太陽星，而使其位次增高，在申宮時，因太陽只居得地之位，而略次。

巨門在卯、酉宮居廟時，因有居旺位的天機星而位次增高。若以巨門的立場而論，巨門屬水，以在酉宮位次較高。

在上述四種居廟的巨門星中，名次排列是這樣的，在寅宮陽巨同宮為第一。第二星機巨在酉宮，第三是機巨在卯宮，第四是陽巨在申宮。

※但是若以論命的角度來看，會考慮到其他的因素，排列組合就不一定是上述這樣了。反而機巨同宮於卯的吉度較高，機巨同宮於酉宮次之。陽巨在寅宮第三，陽巨在申宮第四。

巨門在子、午宮是獨坐居旺的，對宮有居廟位的天機星相照。以巨門居子宮為位次較高。巨門居午宮次之。因巨門屬水，在子宮較吉之故。

巨門在巳、亥宮也是居旺位獨坐的，對宮有太陽星相照，以巨門居亥宮為位次較高。一方面亥宮是屬水之宮，再方面對宮相照的太陽也居旺位，增強了巨門的位次。反之，巨門在巳宮時，巳宮是屬火金之宮，對宮相照的太陽又落陷，對巨門不吉。

巨門在丑、未宮是和落陷的天同同宮。天同和巨門五行同屬水，以在丑宮位次略高。巨門在辰、戌宮為獨坐居陷，對宮有相照居平的天同星，因此它是比同巨同宮時位次略高，但巨門在辰宮獨坐會比在戌宮獨坐略高。

巨門星在十二宮的躔次旺度

①在寅宮、陽巨同宮時②在卯宮機巨同宮時③在酉宮機巨同宮時④在申宮陽巨同宮時⑤在子宮巨門獨坐居旺時⑥在亥宮巨門獨坐居旺時⑦在午宮巨門獨坐居旺時⑧在巳宮巨門獨坐居旺時⑨在辰宮、巨門陷落時⑩在戌宮巨門陷落時⑪在丑宮、同巨同宮時⑫在未宮、同巨同宮時。

天相星

天相星是南斗第五星。化氣為『印』，是印星。為官祿主，司衣食。天相是五行屬壬水。屬於福星，是勤勞，必須謹慎打拚，任勞任怨的福星。是在衣食之祿上主福。

天相是在子宮、丑宮、寅宮、午宮、申宮是居廟地的。天相星在辰宮、巳宮、未宮、戌宮、亥宮是居得地剛合格之位的。天相星在卯宮、酉宮是居陷落之位。因此天相星旺度只有三種級數，就是極旺（入廟）、中旺（得地之位）、陷落無光等三種級數。天相星在十二宮中有五個宮位位置是入廟極旺的，又有在五個宮位是居得地合格旺位的，因此天相在十二個宮位中，就有十個宮是居於旺位的了，只有在卯、酉二宮落陷，真算是十足的福星了。

天相星在子、午宮是和廉貞同宮，此時廉貞居平，全靠天相星入廟的福力造福。天相在寅宮、申宮居廟是和武曲同宮的，此時武曲居得地剛合格之位。天相在丑宮為獨坐入廟，對宮是紫微、破軍皆在廟旺之位。這其中廉相在子宮會比午宮旺，因天相屬水，子宮為屬水之宮。武相在申宮也會比在寅宮位次高，因武曲屬金、天相屬水，申宮為金水長生之宮之故。

在居得地之位的天相星裡，辰宮和戌宮的天相是和紫微同宮，兩星都居得地之位。辰宮的紫相會比戌宮的紫相旺度位次高。因為辰宮是帶水的土宮。天相在未宮居得地之位，對宮有居廟旺的紫破相照，在亥宮的天相，對宮有武破相照，武曲、破軍皆居平位，這是最低層次的『居得地之位的天相』星了。

天相居陷落之位時，無論在卯宮或酉宮，對宮都是廉貞、破軍。以天相在酉宮的位次略高於在卯宮，因為酉宮屬金，會生水，天相屬水，金水相生較有利。

天相星在十二宮的躔次旺度

①天相在丑宮居廟②武相在申宮同宮時，天相居廟③在子宮時，廉相同宮④在寅宮時，武相同宮⑤在午宮時廉相同宮⑥在辰宮時，紫相同宮⑦在戌宮時，紫相同宮⑧在未宮時，天相獨坐居得地之位⑨在亥宮時，天相獨坐居得地之位⑩在巳宮時，天相獨坐居得地之位⑪在酉宮時，天相獨坐陷落⑫在卯宮時，天相獨坐居陷落之位。

※以上是單以天相星的旺度躔次而定的旺度高低的名次。在論命時，紫相、武相、廉相等星，會因四方三合的宮位中其他星曜的影響，在意義與名次位次上有變動消長。

天梁星

天梁星為南斗星第二星。化氣為『蔭』，為『蔭星』。五行屬戊土。

天梁星在子宮、寅宮、卯宮、辰宮、午宮、戌宮是居廟位的。天梁在丑宮、未宮是居旺位的。天梁星在酉宮是居得地之位的，天梁星在巳宮、申宮、亥宮是居陷落之位的。天梁星沒有居平位的。

在居廟位的天梁星中，在子宮和午宮，天梁星是獨坐居廟位的，對宮有太陽星相照。原本天梁星屬戊土，應以在午宮為最旺，但對宮會有陷落的太陽星相照，在論命時反而不及在子宮入廟的天梁星，因為在子宮的天梁星會有居旺的太陽相照之故。在寅宮居廟的天梁星會和居平位的天同同宮，在卯宮居廟的天梁星是和太陽同宮，此時太陽居廟位，雙星都居廟位，因此極旺。在辰宮、戌宮的天梁星會和居平位的天機星同宮，因此在居廟位的天梁星中，在寅、辰、戌三宮的天梁星位次會比較低。

在居旺位的天梁星中，無論是在丑宮或未宮，天梁星都是獨坐居旺，對宮都有落陷的天機星。在這一組星曜中，以居未宮的天梁星較旺，因未宮為火土宮，丑宮為帶溼氣的土宮，天梁屬土，以火土增旺之故。在酉宮的天梁星是只和太陽同宮，太陽又居平，日落西山，因此不旺。

在落陷的天梁星中，在申宮的天梁星是和居旺的天同星同宮，因此同梁同宮專靠天同星的福力，可拉高天梁星的位次。在巳、亥宮落陷的天梁是獨坐的。對宮有居廟位的天同星相照，其中以天梁獨坐巳宮旺度位次較高，在亥宮的天梁星為最低。因為巳宮中有丙火，天梁屬土，火土相生助旺之故。

天梁星在十二宮的躔次旺度

①在卯宮，陽梁同宮時②在午宮，天梁獨坐居廟時③在子宮，天梁獨坐居廟時④在寅宮，同梁同宮時⑤在戌宮、機梁同宮時⑥在辰宮機梁同宮時⑦在未宮，天梁獨坐居旺時⑧在丑宮，天梁獨坐居旺時⑨在酉宮，陽梁同宮時⑩在申宮，同梁同宮時⑪在巳宮，天梁獨坐陷落時⑫在亥宮，天梁獨坐陷落時。

七殺星

七殺星是南斗第六星。為孤剋刑殺之宿，為數中之上將，為將星、殺星。主肅殺，五行屬火金。

七殺星在丑宮、寅宮、辰宮、未宮、申宮、戌宮為入廟。七殺星在子宮、卯宮、午宮、酉宮為居旺位。七殺星在巳宮、亥宮為居平位。七殺星是沒有陷落，也沒有居得地之位兩個旺度層級的。

在居廟位的七殺星中，在辰宮、戌宮、寅宮、申宮，七殺星都是獨坐居廟位的，但是七殺星在寅、申宮獨坐時，對宮是紫府。在辰、戌宮獨坐時，對宮是廉府。因此七殺獨坐寅、申宮時的位次旺度較高。並且七殺獨坐申宮的位次旺度又比在寅宮高。因為七殺獨坐申宮時，對宮相照的紫府，皆居廟位之位。而七殺獨坐寅宮時，對宮相照的紫府中，天府只居得地之位。並且申宮屬金，七殺也屬金，在申宮較吉之故。另外在辰、戌宮的這一組七殺星中，在戌宮的七殺星會比在辰宮的七殺星位次高。因戌宮是屬火金之宮位，七殺也屬火金之故。七殺星在丑宮、未宮時會和居平位的廉貞星同宮，廉殺同宮在未宮時，位次旺度會略高於在丑宮，因為未宮中有丁火，廉貞雖居平但五行屬火，也是陰火會較旺一點，七殺星帶火之金，在未宮沒有特別的好處。但丑宮中有癸水，有辛金，對廉貞不利，而七殺是庚金，和丑中之辛金為不同性質的金，而且七殺是為火金，丑宮帶水，同樣對七殺不利。因此廉貞在未宮位次旺度會略高於在丑宮。

在居旺位的七殺星中，子宮、午宮的七殺星都是獨坐居旺位的，對宮廟旺的武府相照。以在午宮的七殺星略旺於在子宮的七殺星。因為武府以在子宮位次旺度較高，七殺是火金，在午宮較好，較會有成就，七殺星在卯、酉宮時都是和居平位的武曲星同宮。武殺同宮於酉宮，其位次旺度略高於在卯宮，因武曲、七殺皆屬金。卯宮屬木，會金木相剋，故以酉宮旺度、吉度較高。

七殺星在巳、亥宮居平位，此時是和居旺的紫微星同宮。紫微能解厄呈祥，力量已經超越控制了七殺星，七殺星的強悍、凶性，奮鬥打拚的力量也同樣受到控制。在巳宮的紫殺會比在亥宮的紫殺位次旺度高。因為巳宮是屬火帶金的宮位，剛好符合七殺的火金屬性。紫微屬土，在巳宮也較旺之故。

七殺星在十二宮的躔次旺度

①七殺獨坐申宮居廟時②七殺在寅宮獨坐居廟時③七殺在戌宮獨坐居廟時④七殺在辰宮獨坐居廟時⑤在未宮廉殺同宮，七殺居廟時⑥在丑宮廉殺同宮，七殺居廟時⑦在午宮，七殺獨坐居旺時⑧在子宮，七殺獨坐居旺時⑨在酉宮，武殺同宮，七殺居旺時⑩在卯宮，武殺同宮，七殺居旺時⑪在巳宮，紫殺同宮，七殺居平時⑫在亥宮，紫殺同宮，七殺居平時。

※以上是單以七殺星的旺度位次所做的名次排列。實際在論命時，紫殺會比廉殺、武殺為吉。在子、午宮的七殺雖只居旺位，因對宮是武府相照的影響，其吉度甚至會高過在辰、戌宮出現的七殺星，因為在辰、戌宮的七殺星，其對宮相照的只是廉府而已，其中廉貞星是居平位的，當然不及有武府相照的層次高，吉度旺了。

破軍星

破軍星是北斗第七星。化氣為『耗』，是耗星。在數主殺氣。專司夫妻子息，奴僕之宿，五行屬水。

破軍星在子宮、午宮是入廟位的。在丑宮、辰宮、未宮、戌宮為居旺位。破軍在寅宮、申宮居得地剛合格之位。在巳宮、亥宮居平位。破軍在卯宮、酉宮為居陷位。

破軍星在子、午宮入廟時為獨坐，對宮有廉相相照，這是破軍星最旺的位置。其中又以破軍居子宮為最最極旺。破軍居午宮為次之。因為破軍屬水，子宮亦是屬水之宮位此故。

破軍星在辰、戌、丑、未四土宮時為居旺位。破軍在丑、未宮時是和紫微同宮，以紫破在未宮較旺，因對宮相照的天相也居廟位之故。紫破在丑宮時，對宮相照的天相只在得地之位，故較次。破軍在辰、戌宮時，對宮有相照的紫相，以在『辰宮的破軍』較旺於在『戌宮的破軍星』。因為辰宮為潮溼帶水之宮位，有助於屬水的破軍星。

在得地剛合格之位的破軍星中，在寅、申宮都是獨坐的，而且相照的星都是武相，在『申宮的破軍』會略旺於在『寅宮的破軍星』。也因申宮是金水之宮位，有利屬水的破軍星之故。

破軍星在巳、亥宮為居平位。此時它是和居平位的武曲星同宮。武破在巳、亥宮若單以破軍星來論位次、旺度，當然會以破軍在亥宮，破軍較旺。但是破軍星巳居平位，是接近煞星落陷的位置，縱然稍旺也是不吉的。所以真正在論命時，反而以在巳宮的武破會高於在亥宮的武破。因為巳宮是金長生之宮位，武曲屬金，會讓武曲助旺，連帶的會提高武破的層次。所以在論命時『巳宮的武破』是略優於『亥宮的武破』的。

破軍星在卯、酉宮為落陷，此時它是和居平位的廉貞星同宮。廉破在卯、酉宮的位次旺度極低了，若以這兩者單獨比較，仍是以在『酉』宮的廉破要比在『卯』宮的廉破略高、略旺，因酉宮屬金，金生水，有利於破軍之故。

破軍星在十二宮的躔次旺度

①破軍在子宮獨坐居廟時②破軍在午宮獨坐居廟時③在未宮，紫破同宮時④在丑宮，紫破同宮時⑤在辰宮，破軍獨坐居旺時⑥在戌宮，破軍獨坐居旺時⑦在申宮、破軍獨坐居得地之位時⑧在寅宮、破軍獨坐居得地之位時⑨在亥宮，武破同宮時⑩在巳宮，武破同宮時⑪在酉宮，廉破同宮落陷時⑫在卯宮廉破同宮落陷時。

祿存星

祿存星為北斗第三星，主爵祿貴壽，有制化解厄之功。五行屬己土，一般來說，祿存星是吉星，與其他的星曜並無相剋，它只是怕落空亡，與空亡同宮，或者是與化忌星同宮或照會，會有不吉。通常祿存星在十二宮皆是無旺弱之分的，全屬在廟位之地。但以星辰的生剋制化來講，祿存雖全屬入廟，還是因所在宮位的不同，而可以分出高低、吉度的高下來的。

祿存五行屬己土，己土要入土宮較旺，入木宮受剋較弱，所以祿存以在辰、戌、丑、未宮會較旺，在寅、卯宮較弱。祿存在子、午、申、酉宮時，因午宮為己土得祿，居臨官之位，故祿存在午宮為最旺。己土冠帶在未，沐浴在申，長生在酉，故以上之午、未、申、酉宮都是屬於己土旺氣之時。己土之氣，衰於辰，病於卯，死於寅，墓於丑，絕於子，胎於亥，養於戌。以上為己土氣衰之時。

又因為丙、丁、巳、午能生己土。使己土生旺。而己土能生庚、辛、申、酉。己土能剋制壬、癸、亥、子。而甲、乙、寅、卯會剋制己土。因此祿存星在十二宮雖入廟，仍能分出旺弱高下來。

祿存星在十二宮的躔次旺度

①在午宮②在巳宮③在未宮④在申宮⑤在酉宮⑥在辰宮⑦在戌宮⑧在亥宮⑨在卯宮⑩在子宮⑪在丑宮⑫在寅宮。

文昌星

文昌星為南北斗中司科甲之星，為文魁之首，五行屬金，為庚金。

文昌星在丑宮、巳宮、酉宮為入廟。在申宮、子宮、辰宮為居得地剛合格之位。在卯、亥、未宮為居平位。在寅、午、戌宮為落陷。文昌獨缺居旺位的層次旺度。

文昌屬金，是陽金，自然是庚金。巳宮為金長生之地，自然以巳宮為第一旺，位次最高。酉宮為辛金，是次高。丑宮是土中帶金，是第三高的旺度。在得地剛合格之位的文昌星中，以在申宮居得地之位的文昌星較高，其次是辰宮的文昌星，因為土能生金，再其次是子宮的文昌星（是水耀金明）。

在居平位的文昌星中，以在未宮的文昌星略高，其次是在亥宮的文昌星，再其次是卯宮的文昌星。在這個居平位的階段裡，卯、亥、未宮都會含有木的成份，木會剋金，故不吉。但未宮是土宮，雖其中仍含有少量的木氣，土仍有相生之意，故較高。而亥宮中含有壬水和甲木，水生木、木剋金，故較次位。卯宮中全是木，直接相剋，故最次。

在落陷的文昌星中，在寅、午、戌三宮中全帶火。火會剋金。而以戌宮中含有辛金，稍吉，故在陷落之位的文昌星中，以在戌宮的文昌仍高於其在寅、午宮的文昌的位次旺度。午宮中有丁火、已土，已土亦能生金，但被火剋制住，無法生金，但仍有相生之意，故午宮之文昌為落陷的文昌星，倒數第二位旺度的文昌星了。最差的文昌星在寅宮，因寅宮中不但有丙火、甲木、戊土，但以甲木之氣為最盛，會直接剋金，因此寅宮為最低位次的文昌星。

文昌星在十二宮的躔次旺度

①在巳宮②在酉宮③在丑宮④在申宮⑤在辰宮⑥在子宮⑦在未宮⑧在亥宮⑨在卯宮⑩在戌宮⑪在午宮⑫在寅宮。

文曲星

文曲星是北斗第四顆星，主科甲、名聲，又稱文華星。五行屬癸水。文曲星在丑、巳、酉宮為入廟。文曲在卯宮、未宮、亥宮為居旺位，在子宮、辰宮、申宮為居得地之位。在寅宮居平位，在午宮、戌宮居陷落之位。

文曲星屬水，在入廟的文曲星中，以在丑宮的文曲星為最高、最旺，其次是在酉宮的文曲星。，再其次是在巳宮的文曲星。因丑宮中含癸水、又含辛金可直接生水之故。而酉宮之辛金亦能生水。巳宮中是含丙、戊、庚，但丙火之氣佔十分之六最旺，會剋金之故。

在居旺位的文曲星中，以在亥宮的文曲星較旺，因亥中有壬水之故。其次是卯宮，再其是未宮的文曲星。

在居得地之位的文曲星中，以在子宮的文曲星稍旺，其次是在申宮，再其次是在辰宮的文曲星。

文曲在寅宮居平位，因文曲星司科甲，為帶木氣之水，寅宮中有甲木，故仍高於落陷在午宮、戌宮的文曲星。午宮有丁火、己土。戌宮有戊土、丁火、辛金，這兩宮中都有土氣較重的問題，會剋制水，故最低。

文曲星在十二宮的躔次旺度

①在丑宮②在酉宮③在巳宮④在亥宮⑤卯宮⑥未宮⑦在子宮⑧在申宮⑨在辰宮⑩在寅宮⑪在午宮⑫在戌宮。

擎羊星

擎羊星是北斗助星，又稱天壽星，化氣曰『刑』，五行屬庚金。

擎羊星在丑宮、辰宮、未宮、戌宮為入廟。在子宮、卯宮、午宮、酉宮為落陷。擎羊星不會出現在寅、申、巳、亥四個宮位。它不在廟位即是落陷，絲毫沒有中間程度的旺度，旺弱並沒有層次遞減的跡象。因此擎羊星只有入廟和陷落兩種度數。入廟時對人會稍有用處，但仍有刑剋，落陷時不但無用，且刑剋嚴重。

擎羊星屬金，入廟時以在丑宮最旺，其次是戌宮，再其次是辰宮，第四位是在未宮。擎羊落陷時，在子宮、酉宮有金水相生，極度刑剋的度數，比在午宮、卯宮略輕一點，仍是極凶的。但是在論命時，擎羊在卯、酉宮落陷，容易凶狠殘暴，在卯宮的擎羊是比在午宮的擎羊星居於陰狠的賊盜之列的。

擎羊星在十二宮的躔次旺度

①在丑宮②在戌宮③在辰宮④在未宮⑤在子宮⑥在酉宮⑦在午宮⑧在卯宮（擎羊星不會出現在寅、申、巳、亥四宮）

陀羅星

陀羅星為北斗助星，化氣曰『忌』，又稱『馬掃煞』，五行屬辛金。

陀羅星在丑、未、辰、戌四墓宮是入廟位的。它在寅、申、巳、亥等四馬宮是居陷位的。陀羅星不會出現在子、午、卯、酉四宮位。

在居廟位的陀羅星中，以帶金的宮位，有利於陀羅星，位次旺度較高。

因此以丑宮較旺，依次是戌宮、辰宮、未宮。

在落陷的陀羅星中，以在申宮為位次較高，其次是亥宮、巳宮、寅宮。

陀羅星在十二宮的躔次旺度

①在丑宮②在戌宮③在辰宮④在未宮⑤在申宮⑥在亥宮⑦在巳宮⑧在寅宮（陀羅星不會出現在子、午、卯、酉宮）

火星

火星是南斗浮星，在數主凶厄，又稱『大殺神』、『大殺將』。五行屬丙火。

火星在寅宮、午宮、戌宮為入廟，故利東南生人。在丑宮、巳宮、酉宮為居得地之位。在卯宮、未宮、亥宮為居平位。在子、辰、申宮居陷位。

火星以在寅宮為最旺，因寅宮中有丙火，又有甲木會助旺丙火。午宮中是丁火，戌宮中也是丁火，所以午宮次之。戌宮為火之墓為更次之。

在居得地之位的火星中，以巳宮為較旺，酉宮次之，丑宮中含水氣更次之。在居平位的火星中，以居未宮的火星較旺，未宮中有丁火之故。以卯宮次之，卯宮中有乙木可助旺火星。以亥宮為最次，亥宮中有壬水會剋火星之故。

在居陷位的火星中，以在辰宮的火星稍旺，申宮次之，子宮最低。

火星在十二宮的躔次旺度

①在寅宮②在午宮③在戌宮④在巳宮⑤在酉宮⑥在丑宮⑦在未宮⑧在卯宮⑨在亥宮⑩在辰宮⑪在申宮⑫在子宮。

鈴星

鈴星是南斗浮星，在數主凶厄，又稱『大殺神』、『大殺將』。五行屬丁火。

鈴星和火星一樣，同樣也是在寅、午、戌宮為入廟，故利東南生人。在丑、巳、酉宮為居得地之位。在卯、亥、未宮居平位，在申、子、辰宮居陷位。鈴星和火星一樣少了一位旺位的層級。其在各宮位旺度的高低，原因結果也和火星一樣。

鈴星在十二宮的躔次旺度

①在寅宮②在午宮③在戌宮④在巳宮⑤在酉宮⑥在丑宮⑦在未宮⑧在卯宮⑨在亥宮⑩在辰宮⑪在申宮⑫在子宮。

左輔星

左輔為北斗助星，為輔佐帝座之星。行善令。五行屬戊土。在十二宮中無失陷，只有旺弱之分，到處福，左輔既是屬土，辰、戌、丑、未四土宮，便是旺宮。屬木的宮位如寅宮、卯宮，屬水的宮位如亥宮、子宮便是弱宮。因木會剋土，水會不利於土之故。

右弼星

右弼星為北斗助星，為輔佐帝座之星。在數主善，司制令。五行屬土，右弼星亦在十二宮中無失陷，只有旺弱之分，到處降福。

右弼在四墓宮辰、戌、丑、未宮為最吉。在卯宮、酉宮為最弱。

左輔、右弼二星在丑宮或未宮會同宮，分處於子宮、寅宮或分處於午宮、申宮時會相夾。分處於辰宮和戌宮會相照，都是非常有利於命格的位置。

天空、地劫

天空星是上天空亡之星，主多災、破財，入命為劫殺之神。在數管命主、身主之宿。五行屬火，是丁火。在十二宮皆不吉。若於丑宮、辰宮與巨門、化忌、陀羅、擎羊同宮或照會，可使煞星落空亡，而中和其害。

地劫星，是上天劫殺之神，主劫殺、虛耗、空亡。此星又名『斷橋煞』。五行屬丙火。此星在十二宮皆不吉，在亥、子二宮尤不吉，會破財刑傷。

遇吉星同宮輔助則災輕。遇凶星災更重。

化權星

化權星屬木帶火氣，主權勢，掌生殺。喜與巨門、武曲同宮，主掌大權。亦喜與化科、化祿同宮或三合照守，主貴格。

化權星屬木，在寅、卯、辰宮為最吉。其次是巳、午、未宮為次吉。申、酉、戌三宮為屬金之宮位，有相剋為較不吉、較弱之位。

命格中有化權星的，必須考核其生年年支以及化權星所跟隨的主星，是否在旺位？才能斷定為吉。

甲年生的人有破軍化權。必須在子宮為最旺。並且以甲子年生人為吉。

乙年生的人有天梁化權。天梁化權以在午宮為最旺。以乙巳年生人為吉。

丙年生的人有天機化權。天機化權以在卯宮為最旺。以丙寅年生人為最吉。

丁年生的人有天同化權。以在亥宮為最旺。以丁亥年生人為最吉。

戊年生的人有太陰化權，以在亥宮的太陰化權為最旺，以戊子年生人為最吉。

己年生的人有貪狼化權，以在辰宮的貪狼化權為最旺，以己巳、己亥年生的人為最吉。

庚年生的人有武曲化權，以在戌宮的武曲化權為最旺，以庚戌、庚辰年生的人最吉。

辛年生的人有太陽化權，以在巳宮的太陽化權為最吉。以辛卯年生人為最吉。

壬年生的人有紫微化權，以在午宮的紫微化權為最旺，以在壬午年生的人最吉。

癸年生的人有巨門化權，以在子宮為最旺，以在癸亥年生的人最吉。

化祿星

化祿星屬土帶金氣。掌福德。喜遇祿存星。它的性質和祿存很相似。化祿是不喜入辰、戌、丑、未宮，此四宮為四墓宮，會限制化祿星化吉的作用，使化吉無用。這和祿存不喜入四墓宮有同樣的道理。化祿星也不喜和天空、地劫、化忌、耗神同宮或相照，這也會使化祿徒勞無功而無用。化祿星最喜歡跟隨財星。更喜歡跟隨屬水的財星如太陰化祿則大富。

命格中有化祿星的，也必須考核其生年年支和化祿星所跟隨的主星是否在旺位，才能斷定極旺。

例如：

甲年生的人有廉貞化祿，必須在寅宮為最旺。並且以甲午年生的人為吉。

乙年生的人有天機化祿，必須在卯宮為最旺，以乙亥年生人為最吉。

丙年生的人有天同化祿，必須在亥宮為最旺，以丙子年為最吉。

丁年生的人有太陰化祿，必須在亥宮為最旺，以丁丑年為最吉。

戊年生的人有貪狼化祿，必須在辰宮為最旺，以戊辰年為最吉。

己年生的人有武曲化祿，在戌宮為最旺，以己巳年生的人最吉。

庚年生的人有太陽化祿，以在午宮為最旺，以庚午年為最吉。

辛年生的人有巨門化祿，以在酉宮為最吉，以辛亥年生人為最吉。

壬年生的人有天梁化祿，以在午宮為最旺，以壬戌年生人為最吉。
癸年生的人有破軍化祿，以在子宮為最旺，以癸亥年生的人為最吉。

化科星

化科星屬水帶木氣，主聲名，掌文墨。喜會照化權、化祿，不喜與空亡、天空、地劫相會，主萬事成空。亦不喜與煞星、化忌、大耗、死絕、沐浴同宮亦主與科甲無緣。化科星亦不喜落陷宮，主苗而不秀，外表溫文，無實學。

化科星以在水木之鄉為旺宮，在火土之鄉為弱宮，故在寅、卯、亥、子等宮主旺，在午、未、申等宮較弱，此星亦要以所跟隨的主星為何，來定旺弱。

命格中有化科星的，必須考核其生年年支和化科星所跟隨的主星是否在旺位，而定其最旺。

例如：

甲年生的人有武曲化科，以在辰宮為最旺，以甲申年生的人為最吉。

乙年生的人有紫微化科，以在午宮的紫微化科為最旺，以乙巳年生的人為最吉。

丙年生的人有文昌化科，以在巳宮的文昌化科最旺，以丙申年生的人為最吉。

丁年生的人有天機化科，以在子宮為最旺，以丁卯年生的人為最吉。

戊年生的人有右弼化科，以在辰宮為最旺，以戊辰年生的人為最吉。

己年生的人有天梁化科，以在丑宮為最旺，以己未年生的人為最吉。

庚年生的人有天同化科，以在亥宮為最旺，以庚子年生的人為最吉。

辛年生的人有文曲化科，以在丑宮為最旺，以辛亥年生的人為最吉。

壬年生的人有左輔化科，以在辰宮為最旺，以壬戌年生的人為最吉。

癸年生的人有太陰化科，以在亥宮為最旺，以癸亥年生的人為最吉。

化忌星

化忌星屬壬水，為多咎之神，主是非口舌，又稱『計都星』，化忌星的旺弱，首先要看所跟隨主星的旺弱。若主星廟旺，則有化忌不忌的情形。譬如屬金之星在屬金的宮位，例如武曲星在巳宮，長生之地。譬如說屬水的星在屬水的宮位，例如太陰在亥宮。譬如說：屬火之星在火位（宮），例如太陽在午宮。譬如說屬木之星在木宮，例如天機星屬木，在卯宮，上述等四個現象屬於化忌不忌。但是行運主命仍然是口舌是非不斷，既使命格四方三合皆好的，多富而不貴，成就上會打折扣。

命格中有化忌星的，必須考核其先年年支和化忌星所跟隨的主星是否居陷，而定其最弱和最凶。

例如：

甲年生的人有太陽化忌，以在亥宮為最弱，以甲申年生的人最不吉、最弱。

乙年生的人有太陰化忌，以在巳宮為最弱，以乙巳年生的人最不吉、最弱。

丙年生的人有廉貞化忌，以在亥宮為最弱，以丙子年生的人最不吉、最弱。
丁年生的人有巨門化忌，以在戌宮為最弱，以丁亥年生的人最不吉、最弱。
戊年生的人有天機化忌，以在未宮為最弱，以戊申年生的人最不吉、最弱。
己年生的人有文曲化忌，以在午宮為最弱，以己未年生的人最不吉、最弱。
庚年生的人有太陰化忌，以在巳宮為最弱，以庚午年生的人最不吉、最弱。
辛年生的人有文昌化忌，以在午宮為最弱，以辛巳年生的人最不吉、最弱。
壬年生的人有武曲化忌，以在卯宮為最弱，以壬寅年生的人最不吉、最弱。
癸年生的人有貪狼化忌，以在巳宮為最弱，以癸巳年生的人最不吉、最弱。

天刑星

天刑，主孤剋，五行屬丙火。在寅宮、卯宮、酉宮、戌宮為入廟。天刑在廟地時又稱『大喜神』，在數主醫藥，有權威。天刑星在寅、卯、酉、戌四宮居廟地時稱『入刑』，在其他的宮位，若遇巨門、天梁、天相等星居旺同宮時亦可乘旺，會在司法界揚名。若逢煞星化忌同宮，或正星居陷時，則主孤剋和疾病，不吉。

天姚星

天姚星，五行屬癸水，主風流、好淫。天姚以卯、酉、戌、亥四宮為入廟。在巳、午宮居陷。天姚星在廟地旺宮，主有文采風流，機謀多智，但喜遊風塵。居陷地則陰毒，多疑，好淫。會凶星，因色犯刑。

紅鸞星

紅鸞星五行屬水，主婚姻喜慶。紅鸞在丑宮、寅宮、卯宮、辰宮、戌宮、亥宮為入廟，其餘之宮位皆為失陷，紅鸞失陷時主凶，有血光、火傷。

天哭、天虛

天哭五行屬金，主刑剋。天虛五行屬土，主空亡。天哭、天虛二星在丑宮、卯宮、申宮為入廟，較吉。此二星喜遇祿存，可出名。天哭、天虛在其他宮位，多帶刑傷。主六親不足，東謀西就，不吉。大、小限逢之，主哀哭斷腸。

天馬星

天馬星五行屬丙火，在數主奔馳，主動，不喜獨坐，是一顆逢善星同宮則主吉，逢凶星同宮則主凶的星。最喜與祿存或化祿同宮為『祿馬交馳』，主大吉利。最怕見殺破、羊陀、火鈴、截空、空亡及位於死絕之鄉，主勞苦不吉。

天馬星只會出現於寅、申、巳、亥四個宮位，此四宮稱為四馬宮。寅、午、戌年生的人，天馬在申。申、子、辰年生的人天馬在寅。巳、酉、丑年生的人，天馬在亥。亥、卯、未年生的人，天馬在巳。

天馬屬丙火，故以寅、巳二宮旺度較高，較吉。以在申、亥二宮旺度較弱。

紫微面相學
《全新修訂版》

法雲居士⊙著

『面相』是一體兩面的事情，
我們可以從一個人的外表來探測其內心世界，
也可從一個人所發生的某些事情來得知此人的命運歷程。
『紫微面相學』更是面相中的楚翹，
在紫微命理裡，命宮主星便顯露了人一切的外在面貌、
精神與內在的善惡、急躁、溫和。

- 『紫微面相學』能從見面的第一印象中，
立刻探知其人的內在性格、貪念，與心中最在意的事
與其人的價值觀，並且可以讓你掌握到此人所有的身家資料。
- 『紫微面相學』是一本教你從人的面貌上，
就能掌握對方性格、喜好，並預知其前途命運的一本書。
- 『紫微面相學』同時也是溫故知新、面對自己、
改善自己前途命運的一本好書！

第五章 星曜同宮關係的互動影響力

在紫微斗數中命盤裡所出現的星曜，就是整個命盤的靈魂，也是斗數的靈魂。星曜有自己一定的位置，也會隨著一定的定律做變動。喜歡觀星的人都知道，春夏時的星空和秋冬時節的星空是有明顯不同的。有一些星座會在不同季節中隱沒，而代之另一批星座出現。

在斗數中主要的星曜都是會出現在命盤上的，但是會依隨北斗星（紫微星）和南斗星（天府星）的轉移而有旺弱之分。星曜躔次（星的位次）旺度旺的時候，當然其發生的主要特質、特性就會成為強勢的影響力，會直接影響到人的命運。星曜躔次旺度弱的時候，特性就會不明顯，或形成負面的影響，這也會直接影響到人的命運。

因為每一個人的命盤中都有相同數量的星曜，只是這些星曜會隨紫微星和天府星移動位置，而改變其星曜的位置，因而產生旺弱的問題，以及影響到命理格局的不同。目前等級較小的雜曜，對於命理影響的層面不大，我們將省略不談。而專談對命理影響大的，正曜、偏曜、化曜和具有影響力的幾顆雜曜。

在紫微命理中，星曜與星曜相互之間產生的關係會有很多種，例如照、沖、拱、夾、同度等等等。其他如四方、三合也是談星與星之間的關係與影響力的。再如相刑、相剋、劫煞與相煞也是講星與星之間不好的關係與不好的影響力的。

我們首先來談星曜屬於好的關係與影響力的部份。

星曜間同宮關係的互動與影響力

在斗數中雙主星同宮時，在北斗星系中，就是以紫微星系為主星正曜。紫微星系中有紫微、天機、太陽、武曲、天同、廉貞六星。而在南斗星系中，就是以天府星為領導系統的正曜。天府星系中有天府、太陰、貪狼、巨門、天相、天梁、七殺、破軍八星。主要是因為天府星也是依隨紫微星的遷動而隨之變化位置的，是故成為紫微星系主要的隨機重臣。就像是我們稱紫相、紫殺、機陰、陽梁、陽巨、武殺、武破、武貪、同梁、同巨、廉殺、廉破這些雙主星同宮的星曜，都是以北斗星系（紫微星系）的星曜在前，而以南斗星系（天府星系）的星曜在後而稱之。沒有人會稱：殺紫坐命、陰機坐命，就是這個道理了。所以近來我看到有命理書上寫『巨日坐命』的稱呼，覺得十分可笑，因為這是錯的。一定要稱『陽巨坐命』才是正確的。因為巨門是天府星系的星曜，是不可放在前面做為同宮主星的正曜的。

在命盤中星曜間能形成同宮的狀況有很多種，若以星曜的性質和等級來分，有下列狀況：例如命盤中正曜和正曜同宮的狀況。又例如正曜和偏曜同宮的狀況，再如正曜和化曜同宮的狀況及正曜和雜曜同宮的狀況。

倘若以星系來分，在命盤中就會以北斗星系（紫微星系）和南斗星系（

天府星系）同宮的狀況，而上述兩大主流又會和時系星（昌、曲、火、鈴、劫、空）及月系星（左輔、右弼、天刑、天姚、天馬、陰煞），以及日系星（三台、八座、恩光、天貴），以及干系星（祿存、擎羊、陀羅、天魁、天鉞、化祿、化權、化科、化忌）等星同宮的狀況。光是這些就已很繁複了。

其實在斗數中，正曜和正曜同宮的狀況。實際上就包含了北斗星系（紫微系星）和南斗星系（天府星系）和文昌、文曲這兩顆時系星和左輔、右弼這兩顆月系星，以及祿存這一顆干系星了。

但我們首先要談的是組成十二個命盤格式的正曜和正曜同宮的星。

在每一個命盤格式中都有雙主星、雙正曜同宮的情形。而在『紫微在寅』和『紫微在申』兩個命盤格式中，有雙主星同宮的情形是最少的，只有紫府（紫微、天府）和廉相（廉貞、天相）這兩個狀況是雙正曜同宮的。最多雙正曜同宮的是『紫微在巳』和『紫微在亥』兩個命盤格式，一共有六組雙正曜同宮的情形。例如紫殺、機梁、陽巨、武貪、同陰、廉破。其他的命盤格局都是擁有四組雙正曜同宮的情形。例如『紫殺在子』和『紫微在午』兩個命盤格中都有武相、廉府、陽梁、同巨等四組雙正曜同宮。在『紫微在丑』及『紫微在未』兩個命盤格式中都有紫破、廉貪、同梁、武殺等四組雙正曜同宮。在『紫微在卯』、『紫微在酉』兩個命盤格式中有紫貪、機陰、廉殺、武破等四組雙正曜同宮的情形。在『紫微在辰』及『紫微在戌』兩個命盤格式中有紫相、機巨、日月、武府四組雙正曜同宮的情形。

命盤中的雙正曜同宮，其實已經代表了每個人命理的變化。同宮的雙正曜若同是吉星居旺位的，當然是吉上加吉。就像紫府、武府皆是，會有使人命格走高，運氣增高的作用。倘若雙正曜居平陷位，例如廉貪、武破、廉破，則有使人命格降低，一生勞碌，成就艱難運氣也會逢低挫敗。

倘若是同宮的雙正曜中，有一個是居旺、居廟的吉星，另一位是居平陷之位的殺星、煞星（或是有強悍味道的星曜），例如紫殺、廉相、廉府等，那也會減低吉曜為福的能力，而操勞不停，不算是最吉的，只能算是較普通的運氣和命格了。

倘若同宮的雙正曜都是溫和的星，而有一個居旺，一個居陷，例如日月、機梁、同梁等星組，那就是在平和的命格和運氣裡，有一半不吉的狀態了，那就要看是那一顆星是居旺的，那一顆星是居陷的。同時亦有奔波勞碌的狀況，或是有不進財的狀況了。其包含的意義都是奮發力不足的情形了。

現在我們來看每一個命盤格式中雙正曜同宮時所代表的意義和吉度如何的問題。

『紫微在子』、『紫微在午』命盤格式

武相同宮：是武曲和天相同宮，武曲居得地合格之位，天相居廟位。武曲是財星，天相是勤勞的福星，武相代表有六十分的錢財，非常好了，勤勞一點，非常能享福。武相同宮代表有衣食之祿和享受，所以吉度是非常高的。

武相再和文昌、文曲同宮時，昌、曲在申宮是居得地剛合格之位的，能增加其人聰明、才智和口才能力，人緣是非常好的。精明幹練、外貌俊秀。吉度更增高。在寅宮則沒有聰明度，相貌也平平，因文昌、文曲居平的關係。

武相再和左輔、右弼同宮時，也能增加其人的聰明才智和協調能力，以

紫微在子

太陰(陷) 巳	貪狼(旺) 午	天同(陷) 巨門(陷) 未	武曲(得) 天相(廟) 申
廉貞(平) 天府(廟) 辰			太陽(平) 天梁(得) 酉
卯			七殺(廟) 戌
破軍(得) 寅	丑	紫微(平) 子	天機(平) 亥

紫微在午

天機(平) 巳	紫微(廟) 午	未	破軍(得) 申
七殺(廟) 辰			酉
太陽(廟) 天梁(廟) 卯			廉貞(平) 天府(廟) 戌
武曲(得) 天相(廟) 寅	天同(陷) 巨門(陷) 丑	貪狼(旺) 子	太陰(廟) 亥

及人緣的促進，是有貴人運和領導能力，會有優秀的左右手輔助運程。

武相若和祿存同宮時，表示在財運上更增多、富足，但為人有點孤僻和小氣。

武相和陀羅、火、鈴同宮時，武相遇陀羅會受到拖累，陀羅會使武相變笨，拖延，也會有耗財、勞碌、享不到福，心胸不清閒、煩悶的狀況。火星、鈴星和武相同宮，會使武相沉穩的心態、動作和步驟變快、變得雜亂無章，也會耗財、勞碌、享不到福，煩悶和杞人憂天的狀況。

武相和劫空同宮時，財氣與福氣都被劫走了，依然是萬事成空，只剩下勞碌、虛空，賺不到錢，內心空茫。

同巨同宮：是天同和巨門同宮，雙星皆居陷位。天同是懶福星，巨門是暗曜，陷落時是口才的禍事。因此同巨代表的是因懶惰，而凡事不吉，且遭口舌之災。雙星同宮時，吉度甚低。

同巨若再和文昌、文曲四星同宮時，文昌在未宮是居平位的，文曲在未宮是居旺的。因此同巨和昌曲同宮在聰明度、精明計算能力、讀書、文化能力沒有增加，但是其人就會有好口才，會狡辯，口舌是非更多了。

同巨若和左輔、右弼四星同宮時，左右是輔助之星，會助善也會助惡，同巨既然不吉，有左右同宮，以其人自身來講是有幫助的，但對別人來講算是不吉的。它會使其人更懶惰，更有藉口，問題也更多，有人助惡，更是動口不動手了。

同巨不會和祿存同宮，因為祿存不會出現在丑、未宮。

同巨若和羊、陀、火鈴同宮時，都是更糟的狀況。會有勞碌，口舌災禍發生，也會有傷災、血光以及心胸鬱悶，想自殺的狀況，是非常嚴重不吉的。

同巨和劫空同宮時，在錢財的獲得上是完全困難的，勞碌而享不到福，但對於口舌是非的抵制性會稍好一點，因為已經萬事成空了，也沒什麼好吵的了。

廉府同宮：是廉貞和天府同宮，廉貞居平位，天府居廟位。廉貞是帶點凶性的星，主營謀、設計。廉貞居平時，其人會失去營謀、設計的能力，而由天府星來操作。

因此廉府同宮時，錢是比較多，愛計較，在智慧、營謀上是大打折扣的。也會出現自作聰明、做事隱密、沈默、口才不佳的情況，是暗暗的操作賺錢的事。亦有吝嗇、自私的表現。廉貞也算是煞星的一種，居平陷時，又和天府庫星同宮，因此廉府同宮雖主財，但其財祿的層次是比不上武府、紫府的，只是一般小康境界的富裕罷了。

廉府和文昌同宮於辰宮時，戌宮會有七殺、文曲同宮。這時候文昌是居得地之位，故廉府和文昌同宮於辰宮時，是份外精明，精於計算、學習能力高，雖態度緩慢，但主財能力高，又具有文質色彩的。但在口才上是依然不佳的狀態。

廉府和文昌同宮於戌宮時，文昌是陷落的。故而精明度很差，智慧偏低，較粗俗，其財祿也會比在辰宮少很多。

廉府與文曲同宮於辰宮時，文曲居得地之位，是財祿較豐裕、口才較好、略具才藝、為人圓滑愛取巧的，而且是吝嗇自肥的人。同宮於戌宮時，文曲陷落，是吝嗇、口才不佳、人緣中等、財祿打折扣、不多的。

廉府和左輔、右弼同宮時，人雖有吝嗇、計較心態，但人緣很好，有平輩貴人相助，財祿也因人而得財。比單只有廉府時財多。

※祿存不會在辰、戌、丑、未宮出現，所以廉府不會和祿存同宮。

廉府和羊、陀同宮時，會形成『廉殺羊』、『廉殺陀』的惡格。非常不吉。會有車禍、傷災死亡的問題。財也不順。

廉府和火星、鈴星同宮時，廉貞、火星、鈴星都是煞星，因此有煞星刑財的問題。容易賺不正當的錢。也容易耗財或錢財不順，賺不到錢。亦會有血光災禍，因此不吉。

廉府和劫空同宮時，一切成空，是賺不到錢。錢也快速被消耗掉。

陽梁同宮：是太陽和天梁同宮。在『紫微在子』命盤格式中，太陽是居平的，天梁居得地之位。在『紫微在午』命盤格式中，太陽和天梁皆居廟位。太陽是官星，主掌權力。也主掌運氣。天梁是蔭星，代表貴人運，也代表名聲和升官的貴人運。因此陽梁同宮時，在卯宮是運氣好、官位高、權勢大，有名聲、升官快、能以讀書考試來致仕的。而陽梁在酉宮因為運氣、官運都如日落西山，名聲和貴人運皆不夠強，因此只能做落魄文人或飄蓬客了。陽梁不主財，但主官運，會以官運而得財。若無官運，無公務人員的資格，便不能得財。因此這是薪水階級的財祿。

陽梁和文昌、文曲同宮時：陽梁和文昌同宮時，就具有『陽梁昌祿』格，能有考試致仕的機會，但是在四方三合處或同宮或相照一定要有祿星（化祿或祿存），才會因考上高級公務員，走官途得財。若三合四方或同宮，相照等宮位，沒有祿星，則不得到財祿，會窮困，只具有一般文質氣質了。

陽梁和文曲同宮，並不能成為格局，只會因口才好、才藝多、為人豪爽、人緣好。陽梁、文曲在酉宮時，會成為算命業者。

陽梁和左輔、右弼同宮時：則有非常強勢，雙倍的貴人運，因左輔、右弼是平輩貴人星，天梁是長輩貴人星，所以所有的貴人，不論老的、少的、朋友輩、兄弟輩的人全來幫助。有此命格的人，其人有很好的協調能力、領導能力，一定會成為團體中的領導人物。無論在運氣上、或事業上都會特別得心應手的。

陽梁和祿存同宮時，若再有文昌星在同宮、對宮或三合宮、四方宮位中出現，就形成『陽梁昌祿』格的人，也能有小富的人生格局。

陽梁和擎羊同宮時，因擎羊在卯、酉宮居陷。是故擎羊對陽梁有剋害，主有陰謀、善嫉、華而不實、裡外不一的狀況。而且也多傷災、禍災。在卯宮的災禍輕，在酉宮災禍重。

陽梁和火星、鈴星同宮時，火、鈴也會對天梁不利相刑剋。在卯宮，其人會暴躁、好大喜功、喜歡吹牛，貴人會減少。在酉宮，會一事無成，人生多起伏、不順。並且多火災、燙傷的傷災、血光。

陽梁和劫空同宮時，在財運和事業運上是比較困難的，萬事成空。但是有天空在酉宮，而陽梁在卯宮相照時，為『萬里無雲』格。為一生光明磊落、清高的貴格。　國父孫中山先生就是此命格的人。

陽梁與化星同宮時，若有太陽化權，在卯宮最強，有主宰旺運、官運的力量。也有在男性社會團體中領導的氣勢，可壓制、說服男性，對男性有主控力。若有天梁化權，則對貴人運、名聲有強勢的主導力量。若有太陽化祿，則對官運、固定收入的財運、對男性有因特別的機緣而具有圓滑有利的力量。若有天梁化祿，則會因親和力而具有貴人緣，但會有心理壓力。若有天梁化科，主因有文化氣質而稍具貴人運，且自身具有慈悲的善念。若有太陽化忌，主運氣不佳，有是非災禍。而且和男性不和，有是非爭鬥、禍災。

『紫微在丑』、『紫微在未』命盤格式

紫微在丑

巳	午	未	申
廉貞(陷) 貪狼(陷) 巳	巨門(旺) 午	天相(得) 未	天同(旺) 天梁(陷) 申
太陰(陷) 辰			武曲(平) 七殺(旺) 酉
天府(得) 卯			太陽(陷) 戌
寅	紫微(廟) 破軍(旺) 丑	天機(廟) 子	亥

紫微在未

巳	天機(廟) 午	紫微(廟) 破軍(旺) 未	申
太陽(旺) 辰			天府(旺) 酉
武曲(平) 七殺(旺) 卯			太陰(旺) 戌
天同(平) 天梁(廟) 寅	天相(廟) 丑	巨門(旺) 子	廉貞(陷) 貪狼(陷) 亥

『紫微在丑』、『紫微在未』兩個命盤格式是格局相互顛倒的兩個命盤格式，同樣的是有四組雙主星同宮的格局。例如紫破同宮，武殺同宮，同梁同宮，廉貪同宮。

紫破同宮：紫微、破軍雙星同宮在丑宮是出現於『紫微在丑』命盤格式。紫破雙星同宮在未宮是出現於『紫微在未』命盤格式。紫破同宮時，紫微都是居廟位的，破軍是居旺位的。紫微是帝座、破軍是爭戰破耗之星，是故紫破同宮固然可得到高地位，奮鬥力、打拼能力很強，可以賺到錢，但是依然有破耗，損傷的憂慮。

所以紫破同宮時，要看是對什麼事情來作的判斷，若是對工作奮鬥力，或是作戰打仗的事情，它就算是吉方的影響力。倘若對錢財方面、血光、傷災方面以及利益方面，它就不算是吉方的影響力，而是吉中帶凶的影響力了。

紫破和文昌，和文曲同宮時，因為昌曲在丑、未宮是同宮並坐的，因此同時會有紫破文昌、文曲四星同宮的情形，或者是紫破在丑、未宮，而文昌、文曲在對宮相照的情形。無論是紫破、昌曲同宮或相照，都會發生表象美麗，但內裡窮困的病因。因為破軍和昌曲同度就是主水厄和窮困了，紫微星也救不了它，只會增加外表的氣勢雄偉和粉飾太平罷了。倘若命宮就是紫破、昌曲同宮或相照的人，是空有打拚能力，一生瞎忙，終究在貧困中打轉。倘若命盤格局中有這個紫破、昌曲同宮或相照格局的人，在丑、未年就會遇到窮困的境界，但其他的年份是不受影響的。

紫破和左輔、右弼同宮時，也是有四星同宮的情形，以及紫破和左右在對宮相照的兩種情形，這表示增強了紫破的力量。不但是紫破在打拚時有左右手來相助，也算是有貴人運來相助，但是在破耗的方面，也有左右手及貴人來相助破耗。所以若是論事業，這個現象是吉象，會有很強、很有力的成就。但相對的破耗也大。若是論財祿，賺錢的能力也很大，地位高，很會利用權勢來賺錢。也有人幫忙你來賺錢，但是財來，財去，幫忙花錢的人也很多。

紫破不會和祿存同宮。（因為祿存不會出現在丑、未、辰、戌等宮）

紫破和擎羊同宮時，因為破軍和擎羊都是煞星，紫微星要同時壓制兩個煞星很難。因此是陰險、尖銳、破壞性較大的局面，紫微星只是力求平和的表象罷了。因此有此三星同宮坐命的人，是外表長相還氣派，長臉但有破相、傷災。並且是內心思想多謀略、多慮、侵略性較強的人。若再有火星或鈴星同宮，其人更陰險毒辣、火爆，易為邪道。

紫破和陀羅同宮，會明顯的和有擎羊同宮的人有差異，紫破、陀三星同宮，代表外象還過得去、平常。但破壞力和破耗、損害較多，是一種根本沒有能力去擺平的狀況。倘若此三星在人的命宮，代表其人外表長得還普通、頭大、圓圓的、不算太難看，但是頭、臉、身上多傷災，其人的儀態是豪放不羈、粗俗，不重穿著，有些邋遢的，也不拘小節、不重禮儀。對人多懷疑、思想愚笨而固執，也不願學習和請教別人，自以為是，因此破耗多，災禍多。紫微星只是讓他的外表看起來還算體面罷了。但是紫微星也帶給他自大、自滿的內在思想。倘若再有火星、鈴星和紫破、陀羅同宮時，其人的行徑會更惡劣，態度更火爆、傷災更多，紫微的力量就更薄弱了。

紫破和火星、鈴星同宮時，代表容易形成惡勢力。並且在惡勢力中佔有較高的位置。倘若有人的『命、財、官』中有紫破、火星，或紫破、鈴星，表示他很可能會賺不法的錢財，錢財是來得快、去得快。倘若紫破、火星或鈴星是在命宮或福德宮、夫妻宮的人，是內心常有邪念的人，也常因有此邪念而造成自己運程的起伏。

紫破和地劫或天空同宮時，在三合宮位中一定有另一個天空或地劫。地劫、天空可以糾正破軍好戰爭鬥的本性，同時也抑制住了紫微帝座的福力。但是它無法阻止破軍的破耗。因此紫破和地劫、天空同宮時，是更破耗而成空的局面了。此現象若在人的命宮出現時，其人會成為宗教界的狂熱份子。入佛道空門為吉，可做宗教界之知名之士或領導人。

武殺同宮：武曲、七殺雙星同宮在卯宮，是『紫微在未』命盤格式中會遇到的。武殺同宮在酉宮是『紫微在丑』命盤格式中會遇到的。此時，武曲居平，七殺居旺。表示殺星很凶，財星陷落，是『因財被劫』的格式。因此是窮忙打拼，錢財極少的狀況。武殺同宮者是出現於『命、財、官』三方，都是需要苦拼，用血汗堆積，但成果並不十分顯著的。這須要長期的努力才行，才會有成果出現。因此它的吉度較低。

武殺和文昌或文曲同宮時，會在三合宮位中有另一顆文曲或文昌星。以武殺、文昌在酉宮時，文曲會在巳宮居廟為最佳格式。武殺本身帶有不聰明、智慧低，只會苦幹的意味。但是若和居廟旺的文昌星同宮時，就會增加精明的力量。若和居廟的文曲星同宮時，就會具有最好的口才和才藝、人緣關係，能抬高武殺的層次。文曲對武殺在錢財方面的提升力是有一點的，但不是很強。文昌只會增加武殺的計算能力、學習能力、精明度，在錢財的幫助上只是理財的部份而已。若無財可理，文昌的幫助就小了。

武殺和左輔或右弼同宮時，三合宮位中也會有另一顆右弼或左輔。倘若武殺和左右是在『命、財、官』或『夫、遷、福』這兩組三合宮位中，左輔和右弼的輔助力量是非常大的。但是輔星是助善也助惡的。所以武殺和左輔、右弼同宮時，因武殺是勞碌之星，財又少，故雖可得到助力，但是會更勞碌。在錢財上的獲得是並不多的。

武殺和祿存同宮時，祿存是小氣財神，其所得的錢財也要看主星的旺弱而定。武殺的財少，所以祿存只有使其平順一點，有足夠衣食之需的錢財。若要論財富，是無法和財星居旺再加祿存來相提並論的。而且祿存屬土，在卯、酉宮為相剋，（卯宮屬木，木剋土，酉宮屬金，反剋）是故祿存在卯、酉宮是弱宮不強。因此武殺加祿存同宮，財並不多，只是平順而已。

武殺和擎羊同宮時，唯一的吉星財星武曲是居平位的，這在以財星的角度講，已經算是落陷無財了。擎羊也是居陷位的，只有七殺星居旺位的。武殺羊同宮，劫財劫得真是很厲害了，是在根本沒什麼錢的狀況下還要劫財。所以是窮凶極惡的環境了。倘若武殺羊出現在『命、財、官』或『夫、遷、福』等三合宮位中，此人肯定是無財又凶悍的人。好爭鬥，好劫奪，但用盡心機也爭取不到錢財，因此心境是非常苦的。且有血光、傷災之禍。

武殺和火星、鈴星同宮時，在卯宮，火鈴也居平陷之位，這也是火暴爭財的場面，也爭不到什麼財。武殺和火、鈴同宮在酉宮時，火、鈴居得地剛合格之位，火爆凶性依舊，但有短暫奪財致勝的時機，所以能爭得一點點的財。但是殺星和火、鈴皆屬煞星，因此血光，災禍是免不了的。

武殺和地劫或天空同宮時，這是萬事成空又忙碌煩惱的。武殺已經財少、無財了，還要受外來影響來耗弱劫奪，豈不是更苦呢？

同梁同宮：天同、天梁同宮在寅宮時，是『紫微在未』命盤格式中的狀況。同梁同宮在申宮時，是『紫微在丑』命盤格式中的狀況。同梁在寅宮時，天同居平，天梁居廟，表示福星的福力不強，自身比較有勞碌而奮發的精神。

天梁居廟，表示有極強的貴人運和祖蔭來福照。這也是自己奮發而得人助的命運。而同梁居申宮時是天同居旺，而天梁居陷。這表示其人本身的福力夠好、夠多，愛享福和懶惰，因此就完全沒有貴人運來幫助了。

同梁和文昌、文曲在寅宮同宮時，因昌曲居平陷之位，故是勞碌、精明度差、計算能力差、口才不佳，但有貴人運的命格。外表是溫和、善良，但智慧不高的。同梁昌曲同宮在申宮時，因昌曲在申宮居得地剛命格之位，是故是略具聰明、才藝，有清秀的外表，討人喜歡，動作緩慢，較懶，沒有奮發力，也沒有貴人運的命格。

同梁和左輔或右弼同宮時，在寅宮，左右輔弼之星幫忙同梁的是勞碌和貴人運。促其具有更多的貴人來相幫助。在申宮，左右輔弼之星幫助的是享福的運氣，會有更多的助手來幫忙使其享福，因此其人會更懶。

同梁和祿存同宮時，在寅宮，因奮發力較強、勞碌和錢財會較多。在申宮，只是安享。奮發力不足，故財祿是有，但較前者少，因為祿存也是顆勞碌而得財的財星之故。一定要奮發勞碌，它才會助長財多。

同梁和陀羅同宮，因陀羅在寅、申宮皆居陷位，因此在寅宮是勞碌而笨的狀況，有傷災。在申宮，是又懶又笨的狀況，也有傷災。

同梁和火星或鈴星同宮，火、鈴在寅宮星居廟，在申宮是居陷的，但都有火爆、爭鬥的色彩。在寅宮，爭鬥會贏，在申宮，爭鬥會輸。同梁和火、鈴同宮，福星和蔭星被煞星所刑，有偏向邪道而行的狀況，很可能與黑道有關係，算是不吉的。

同梁和地劫或天空同宮，則對宮肯定有另一顆天空星或地劫星，相互對照。因此不論是勞碌有貴人運或愛享福的，全部萬事成空，化為烏有了。

廉貪同宮：廉貪和貪狼同宮在巳宮時，是『紫微在丑』命盤格式中的狀況。廉貪同宮在亥宮時，是『紫微在未』命盤格式中的狀況。廉貞和貪狼同宮時，雙星皆居陷落之位，廉貪在此時都成了煞星，只有凶悍、貪赧、狡詐的內含。而失去人緣，桃花是邪淫桃花，不是正桃花或人緣桃花。所以廉貪同宮時主低下淫賤之格。人在走廉貪運時，因失去人緣桃花，人見人厭，因而財運不佳，所有的好運機會都斷絕了。只有好色、貪赧、邪佞是存在的。

因此不論是此命格的人或正走此運的人，都會沈迷於酒色財氣，但是愈沈淪，運氣愈壞。廉貪同宮的運氣是所有運氣中最壞的一個。

廉貪與文昌同宮於巳宮時。因文昌居廟，會有雖爛的運程，但尚精明幹練，計算能力很好，可是在做事方面亦有糊塗、政事顛倒之事。只是對錢很精明，人的外貌也會有文質的氣質。

廉貪與文昌同宮於亥宮時，因文昌陷落，不論是在人的命格中或運程裡皆屬智慧低、運氣極差、粗俗、糊塗、頭腦不清的狀況。

廉貪與文曲同宮，不論是同宮於巳宮或亥宮，文曲皆居廟旺之位。代表其人有圓滑閃爍的口才，做人不實在，會因一時的甜言蜜語而得利，但不長久，很快的便有壞運降臨。

廉貪與左輔或右弼同宮時。表示有貴人相救弱運，因主星皆居陷落不吉，故此貴人助善也助惡，幫助的力量有限，很可能愈幫愈忙。若命宮是廉貪加左輔或右弼的人，更害怕結交壞朋友，稱兄道弟，一同作惡。

廉貪和祿存同宮時，在壞運中仍有可供生活的財祿但絕不會是大財富。

廉貪和陀羅同宮時，是『風流彩杖』格，主好酒貪杯，貪色。並且也是個非常笨拙。又寡廉鮮恥的命程和運格。

廉貪陀羅若再加地劫、天空同宮者可習正，就不會貪色了。

廉貪若只和地劫、天空同宮時，必是四星同宮，是一個無用的命格或無用的運程，萬事皆空，若再有羊陀相夾，或是廉貪陀、劫空五星同宮，擎羊星在臨宮，皆為『半空折翅』之命格，逢巳、亥年，會因色情、強暴事件有生命危險。

『紫微在寅』、『紫微在申』命盤格式。

『紫微在寅』和『紫微在申』兩個命盤格式是格局相互顛倒的兩個命盤格式，在這兩個命盤格式中，相同的都是只有二組雙主星同宮的格局，例如紫府同宮和廉相同宮。

紫府同宮：紫微、天府同宮於寅宮時，就是『紫微在寅』命盤格式的狀況。紫府同宮於申宮時，就是『紫微在申』命盤格式的狀況。紫府同宮於寅宮時，紫微居旺、天府居廟，紫府雙主星的地位都很高，紫微是帝座，天府是財庫星，因此是特別能掌握最高財富，收納入庫，獲有大財富的命格和運程的。

紫府在申宮是紫微居旺，天府居得地之位。這個命格和運程能得到及掌握大財富的機會要比前者少一些，所以它只是比別人的財運好一點，主要以平順、祥和為主的命格和運程。

紫府和文昌同宮於寅宮時，因文昌居陷，失去了精明力，計算能力和文質的氣質，它反而會拉弱了紫府，使紫府納財入庫的力量減弱了一點。紫府

紫微在寅

巨門(旺) 巳	廉貞(平) 天相(廟) 午	天梁(旺) 未	七殺(廟) 申
貪狼(廟) 辰			天同(平) 酉
太陰(陷) 卯			武曲(廟) 戌
紫微(旺) 天府(廟) 寅	天機(陷) 丑	破軍(廟) 子	太陽(陷) 亥

紫微在申

太陽(旺) 巳	破軍(廟) 午	天機(陷) 未	紫微(旺) 天府(得) 申
武曲(廟) 辰			太陰(旺) 酉
天同(平) 卯			貪狼(廟) 戌
七殺(廟) 寅	天梁(旺) 丑	廉貞(平) 天相(廟) 子	巨門(旺) 亥

和文昌同宮於申宮時，因文昌居得地剛合格之位，因此文昌可增加紫府的聚財能力，具有精明、計算的理財能力，文質的才華氣質也較好。但是辛年生有文昌化忌與紫府同宮的人，依然要小心有文字上、計算上的錯誤，是非常麻煩。而且也會以從文職中的異途來得財的工作。

紫府與文曲同宮，文曲在寅宮是居平的，在申宮是居得地之位的。因此紫府、文曲同宮於寅宮，有口才上的拙劣不佳，也會影響到紫府的納入財富的多寡數目。在申宮同宮時，口才佳，才藝亦好，也會幫助紫府進財多一點。

紫府與左輔或右弼同宮時，因主星紫府皆是最高地位的星座，因此左右輔星的助力是極大的，不但幫助主貴，掌實權，也幫忙納財入庫，增多。而且這等財富是極大的財富。

紫府與祿存同宮時，以在寅宮助旺紫府的財富為最多，是帝王般的財富。祿存在申宮助旺紫府的財富，因天府居得地之位而次之。但同樣是帝王的財富，只不過此帝王是稍小國的帝王罷了。

紫府和陀羅同宮時，因陀羅在寅、申宮皆居陷位，因此不吉。陀羅帶有延緩、拖延、愚笨、心胸不清靜、是非多、傷災、困擾等問題，也帶有解決不了之問題。是故它會拖累紫府，使紫府納財入庫的工作拖延，因此所賺到的錢也不是最多的了。紫府在寅宮居廟旺之位時較能稍為抵制一下陀羅的惡習。在申宮抵制的力量還是有，但較弱。因此紫府、陀羅同宮於申宮時，陀羅屬金，申宮也屬金，在申宮陀羅惡性的力量會變大，因此在申宮，紫府受到陀羅的傷害會較深。其命格和運程會成為只是一般的平和、祥順而已，反而在財富方面沒有想像那麼多了。

紫府和火星或鈴星同宮時，火星、鈴星在寅宮居廟，在申宮居陷。因此紫府和火、鈴同宮於寅宮，有快速入財的狀況，但火、鈴是煞星，仍是有刑財的特質，所以快速進的財最後都會破耗掉，只有穩定的，速度慢的財才會留存入庫。所以火、鈴對紫府的幫忙是進進出出，只是勞碌一陣子，還是要靠紫府本身的財力、定力來進財的。紫府和火、鈴在申宮同宮，火、鈴居陷，只有耗財、刑財的特質了。紫府受其拖累，反而不如紫府單獨同宮時好了。

紫府和地劫或天空同宮時，對宮也肯定有一個天空或地劫星來相照。因此再多的財也是成空。紫府是抵制不了空劫的。家財萬貫，總遭外來的力量，或內部的小鬼通外神搬運一空，家財散盡。最多只空有外在、外殼的漂亮、豪華而內在空虛無財。因此只是一時的平靜祥和罷了。

廉相同宮：廉貞、天相同宮於子宮是『紫微在申』命盤格式的狀況。廉相同宮於午宮是『紫微在寅』命盤格式的狀況。廉相同宮時，廉貞都是居平位的，很低了。天相都是居廟位的。因此是計謀、智慧低一些，而勤勞工作，就能享到福的境界。廉相同宮時，是衣食方面的享受較多、較豐厚的，是不愛用腦子多思考的狀況。所以廉相若是在事業宮或財帛宮只代表平順，是沒有特殊的才藝和能力的。

廉相和文昌或文曲同宮於子宮時，文昌、文曲在得地剛合格之位，表示有文質的外表氣質，有文化水準，較精明，也有一定的計算能力和學習能力的。也會比較陰險。廉相、文曲同宮於子宮，表示有才藝，口才好，人緣佳，有愛說謊的能力智慧。

廉相、文昌或文曲同宮於午宮，昌曲皆陷落，表示精明度，計算能力都差，人較笨，口才也差，依然愛說謊和用心機，但時常露出馬腳來，外貌也似膽小的鼠相之輩。

無論廉相和文昌、文曲同宮在子宮或午宮，因為對宮有破軍相照，破軍和文昌或文曲相照皆主窮困、水厄。因此廉相和文昌或文曲同宮時，也一定主窮困、水厄。

廉相與左輔或右弼同宮，表示是有貴人運的。左右輔星幫助廉相的，是在努力工作、享福、平和方面的助力，使它更享福、更平順。也會使其人有善於說謊的能力更高超。

廉相與祿存同宮時，因為主星廉相的財就是平順享福、祥和的財，是中等財富的財。是故祿存會使其財富位於中等財富中的最高階，但這比『紫府加祿存』的位階要低多了。

廉相與擎羊同宮時，同為擎羊在子、午宮都居陷位，再加之天相是印星，擎羊有刑剋色彩。廉相羊同宮時，為『刑囚夾印』之格局，有官非致死的問題。若同宮和相照宮位中再有多顆小的桃花星，則因桃花官司身敗名裂。

廉相和火星、鈴星同宮時，在子宮時，火、鈴居陷，主病痛，殘疾，或帶病延年。在財帛宮也主耗財、敗財、勞碌、不清閒，享不到福。在午宮，火鈴居廟位，刑剋天相福星會比較輕，但仍然是福不全、耗損、帶病延年、是非多，是根本無法解決的。

廉相和地劫、天空同宮，一切成空，不富裕，是窮困的。而且態度緩慢，不切實際，和有放棄態度的。

『紫微在卯』、『紫微在酉』命盤格式

『紫微在卯』和『紫微在酉』兩個命盤格式是格局相互顛倒的兩個命盤格式。同樣的是有四組雙主星同宮的格局。例如：紫貪同宮、機陰同宮、武破同宮、廉殺同宮。

紫貪同宮：紫微、貪狼同宮在卯宮，這是出現於『紫微在卯』命盤格式中的狀況。紫貪同宮在酉宮，這是出現於『紫微在酉』命盤格式的狀況。紫

貪同宮時，紫微是居旺位的，貪狼居平位。紫微是帝座，貪狼是好運星，是故紫貪同宮時正表示地位很高，有權勢，但人緣和好運並不強。所以是帶有點自傲色彩的現象。紫微星是穩重緩慢、穩定的星。貪狼星是運動速度快速的星，居平時，速度減慢。因此紫貪同宮時，其運勢和打拼奮鬥力是不強的，只注重外在的美麗、圓滑、穩定，有些孤芳自賞的意味。急躁，頑固依舊，但貪狼本性中的凶悍意味就少了許多，這也是奮鬥力不強的原因。

紫貪在卯宮要比紫貪在酉宮有略強的趨勢。因為紫微五行屬土，貪狼屬木，卯宮是木宮而相合。酉宮屬金，金木相剋。故紫貪在酉宮較弱。

紫微在卯

天相(得) 巳	天梁(廟) 午	廉貞(平) 七殺(廟) 未	申
巨門(陷) 辰			酉
紫微(旺) 貪狼(平) 卯			天同(平) 戌
天機(得) 太陰(旺) 寅	天府(廟) 丑	太陽(陷) 子	武曲(平) 破軍(平) 亥

紫微在酉

武曲(平) 破軍(平) 巳	太陽(旺) 午	天府(廟) 未	天機(得) 太陰(平) 申
天同(平) 辰			紫微(旺) 貪狼(平) 酉
卯			巨門(陷) 戌
寅	廉貞(平) 七殺(廟) 丑	天梁(廟) 子	天相(得) 亥

紫貪和文昌或文曲同宮時，在卯宮，文昌、文曲居平陷之位。因此只會構成糊塗，政事顛倒，好酒色財氣，犯桃花的狀況。在酉宮，文昌、文曲居廟位，若在人命宮，則有外貌俊美，氣質佳，亦為『桃花犯主』的格局。也會有政事顛倒、糊塗的問題，有文曲時，口才較佳，財運較好。

紫貪、文昌同宮時，容易在四方宮位形成『陽梁昌祿』格，有此格者，善讀書，學位能增高，一生的環境也會比較好。

紫貪和左輔或右弼同宮時，為人圓滑，有合作精神，也會有左右手相輔助，同輩的貴人運很好。一生有很多好運。但朋友運不佳者，也容易走上歧途。

紫貪和祿存同宮時，人緣佳，財祿好。四方宮位也易形成『陽梁昌祿』格，一生的成就會較高，也會增長財祿，生活環境較佳。祿存幫助紫貪的是增加其人的外表美麗、有平順的衣食之祿，但為人自視頗高、較孤獨。

紫貪和擎羊同宮，擎羊在卯、酉宮皆居陷落之位，紫貪受羊刃所刑剋，為人惡質、陰險狡滑、不實在，會為色損害前程，傷及配偶，也會影響財運。

紫貪和火星、鈴星同宮，為暴發格。以同宮在酉宮偏財運較大。在卯宮火、鈴居平位，偏財運較小一點。若紫貪和火星或鈴星同宮坐命的人，會有怪異之行徑，脾氣火暴、急躁，動作迅速，做事不用大腦的行為。

紫貪和地劫、天空同宮，可抑制桃花，使其人習正，為正派之人，但在事業運上也較空洞不順利。

紫貪同宮遇化星時，若有紫微化權，則主貴運和穩定性，有增高地位和掌權的力量。若有貪狼化權，則主能掌握好運而掌權勢地位。若有紫微化科，則主外貌高貴、文質、穩定、平和。若有貪狼化祿，則為圓滑，多好運而主貴。亦主因好運而得財。若有貪狼化忌，則主為人固執、穩重，但人緣不佳，缺少好運，自視過高。性急但行動不快速。

機陰同宮：天機、太陰同宮，在寅宮，天機居得地之位，太陰居旺位，表示聰明多變化，善於應用第六感去感覺別人內心的想法而隨機應變。機陰居寅宮又屬財帛宮的話，表示在變化中得財，財是薪水階級的財祿，還不少。

機陰在申宮時，天機居得地之位，太陰居平。亦表示聰明善變，但感覺系統不佳，較不能感覺出別人的心意，因此隨機應變的能力差。而運氣變化中的狀況也是不好的，若在財運中所代表的意義是錢財多變化，但愈變愈差，財很少。

機陰與文昌或文曲同宮時，在寅宮昌曲居平陷之位。反而對機陰沒有幫助，也不會增加聰明和文質的修養。在申宮，文昌、文曲居得地之位，對機陰的幫助較大，可增加文質氣質和修養以及精明、計算、學習能力及增進才藝能力。不過機陰和文昌同宮，只要子、午、寅、申、卯、酉等宮進入祿星（化祿或祿存）就可組成『陽梁昌祿』格，可改變其人一生的生活環境，增高命格和知識水準。

機陰和左輔或右弼同宮，左右輔星會增加機陰的聰明度和暗中增財的現象。也會增加其人的人緣圓融。是有平輩貴人運，使其人有與人合作的精神，也使其人的古靈精怪少一點。

機陰和祿存同宮，可更增加機陰主財的能力。不過此等財富仍然是在『機月同梁』格的架構之下，也就是屬於薪水階級的財富而言的。

機陰和陀羅同宮，不論在寅宮或申宮，陀羅皆居陷位，因此陀羅是使機陰有傷害的煞星。三星同宮時，表示有傷災、耗財，在變化中有是非麻煩，和使財運下降，運氣下降的困擾。若在人命宮，則表示此人喜歡耍小聰明，但實際上常做笨事，是自以為聰明而遭災的人。

機陰和火星或鈴星同宮時，在寅宮、火、鈴居旺，在申宮火鈴居陷。火、鈴和機陰同宮時皆是刑剋機陰雙星的，使機陰在變化中每況愈下。在寅宮時，刑剋的力量還算不嚴重，只會使速度加快，做事沒頭腦而犯錯。常在忙中有失。在金錢方面，有耗損。在申宮時，火、鈴居陷。三星同宮時，容易有傷災，愈變愈壞，根本進不了財。

機陰和地劫或天空同宮時，對宮也會有另一個天空、地劫相對照，是故是真正的空劫了。表示在變化中既得不到，原有的也會失去。

機陰與化星同宮時，若有天機化權，在寅宮表示能掌握變化而得財和好運。在申宮，能掌握變化而得權，但財祿依然很少。若有太陰化權，在寅宮，表示在變化中能掌握財運和經濟大權，以及對女性的主導權。在申宮，表示在變化中，有一點掌握財運的力量，和對女性主導的力量，但是力量並不強。若有天機化祿時，表示有圓滑的應變能力使自己得財，但財祿並不大。若有太陰化祿時，因太陰也是財星，故而機陰同宮有太陰化祿時，在寅宮，表示在變化中得財很多，而且是陰財很旺，包括以薪水得財，儲蓄的財，和買賣或收房租、田產所得之財。在申宮，表示在變化中所得之財也是陰財，但沒有在寅宮時的多。因為太陰居平的關係。

若機陰同宮有天機化忌時，表示因變化帶來是非、困擾和麻煩。在寅宮時，財仍有，只要用溫和、穩重、少變化就可阻止平復是非麻煩。在申宮時，財少，更會因變化帶來的是非、麻煩而受害很深，而且也無力量阻止變化。

機陰同宮若有太陰化忌時，表示會因自己內在的感覺系統遲鈍而無法應付變化中所產生的耗財、是非以及金錢不順的問題。在申宮是問題更嚴重，金錢問題和人緣問題更惡劣的。

武破同宮：武曲、破軍同宮時，雙星皆居平位。武曲是財星、破軍是煞星，這也是『因財被劫』的格式，算是很窮困的境界了。武曲屬金，破軍屬水，以在巳宮較旺一點。故武破在巳宮會稍好，在亥宮劫財更厲害，也更形窮困。

武破同宮時，是以武曲星為主（因武曲星是北斗紫微星系的星曜），而以破軍為副（因破軍星南斗天府星系的星曜），所以武破同宮時主要表現的是以財為主。武曲居平，財很少了，又被破軍這顆爭戰破耗之星來劫奪，自然產生窮困不好的現象了。不但在運途上是窮運，在事物上也代表貧乏。在性格上代表窮凶極惡、多疑、做困獸之鬥，故而膽大包天，敢以性命做賭注，凡事毫不在乎了。

武破和文昌或文曲同宮時，因破軍逢文昌或文曲皆主窮困，有水厄。武破遇文昌、文曲，亦是雙重的窮困。武破遇文昌在巳宮，因文昌居廟，是具有文質的外貌，性格清高，不重實際而窮困。武破和文曲在巳宮，文曲居廟，為人油滑，口才好，做人不實際而窮困。武破和文昌在亥宮，文昌居平，做人不夠精明，智慧不高，又不實際而窮困。武破和文曲在亥宮，文曲居旺，也是為人油滑，口才好，做人不實際，少人信任而窮困。

武破和左輔或右弼同宮時，左右助星能幫助武破的就很少了，它只能幫助武破在窮困時，不至於完全崩潰瓦解，還能繼續存活罷了。但仍阻止不了破耗錢財和失敗的問題。在人緣關係上，左輔、右弼會幫助武破有好幫手，一同參加救貧的工作，但效果不彰。

武破和祿存同宮時，以同宮在巳宮，比在亥宮財祿稍多。武破和祿存同宮並不代表富有多金，它只是在窮困的環境中稍有衣食溫飽的情形罷了，仍不見得有餘錢來儲蓄的。

武破和陀羅同宮，表示有破耗、傷災，運氣也十分低落。這是一種已經在窮困的環境中而繼續下墜的運氣，陀羅有拖延、拉長、不順情況的意思。因此，非常不吉。

武破和火星或鈴星同宮時，表示有火暴、爭鬥的場面，亦有快速破耗、傷災的產生。也容易有突發事件產生衝突和血光。

武破和地劫、天空四星同宮時，表示命運和一切事物中不論好的或壞的，全都成空。此四星若在人的命宮，主其人會遁入空門為僧為道。若在財帛宮，主根本賺不到錢。若在官祿宮，主事業無法功成名就。若從軍警業者，容易殉職陣亡。

武破與化星同宮時，若有武曲化權，表示能在軍警機構管理財務。或是在財少之處管理財務。若有破軍化權時，表示打拼能力強，十分膽大，能做別人所不敢為之事。例如做情報工作或職低骯髒的養殖業，或清潔工作，處理廢棄物之工作等。若有武曲化祿時，表示工作辛苦，但仍能賺到一些不算多的財祿。有破軍化祿時，表示財不多，大膽的賺取，有進有出，是財來財去的狀態。若有武曲化科時，表示財運不算好，但注重講究原則來賺錢。若有武曲化忌時，表示錢財已窮困，並且在錢財上是非多，而且糾纏不清，無法脫困。

廉殺同宮：廉貞、七殺同宮時，無論在丑宮或是在未宮，都是廉貞居平，七殺居廟位的。表示只知埋頭苦幹的打拚，但智力的運用是缺乏的，以至於非常辛苦。在運氣和一般事物的表現上都不算吉利。

廉殺和文昌及文曲四星同宮時，在丑宮，昌曲皆居廟位。表示有文質及還算精明的外貌，口才也好，做事負責認真，有打拚精神。在未宮，文昌居平，文曲居旺，表示口才還不錯，但精明、計算能力，智慧都打了折扣，打拚的精神也時好、時壞。

廉殺與左輔、右弼，四星同宮時，左右輔星幫助廉殺的是蠻幹的打拚精神。因廉殺皆屬煞星，所以左右輔星就有助紂為虐的情形，反而是不好的狀況。若此四星同時在人的命宮出現，就要小心不要走到邪路上，宜做軍警業為佳。左輔、右弼雖是同輩貴人星，會有左右手來幫助，倘若再有火星、鈴星、天刑同宮或同度，從事黑道的機會大，左右助星真正的助惡不助善了。

廉殺不會與祿存同宮，因祿存不會出現於丑、未宮。

廉殺與擎羊同宮時，為『廉殺羊』的惡格。**廉殺與陀羅同宮時**，為『廉殺陀』的惡格。此兩種格局皆是死於外道，有血光傷災、傷殘的惡格，而且危及生命。現今引伸為車禍死亡的惡格。有廉殺羊或廉殺陀在命宮的人，其人一生心胸不清靜，容易鬱悶，煩惱多，也容易想不開，會有厭世的思想。

廉殺同宮時，代表有固執、古怪、偏執、衝動、短視、營謀不周的想法。

再有羊陀同宮，再加上扭曲、鑽牛角尖，轉不出來的想法，是故此人會以自我刑剋而傷害到他人。廉殺羊、陀皆為凶星，時運不濟時，會有與石俱焚之念。

廉殺與火星或鈴星同宮時，亦是凶星同宮，會有傷災、殘疾之危險。性情更為衝動、火爆、偏執。

廉殺與地劫或天空同宮時，能使凶星的凶性成空而平和，為人孤高，不合群，易為空門之人，或為宗教虔誠份子。

廉殺與化星同宮時，若有廉貞化祿時，會有特殊蒐集之嗜好。其人的人緣較好一點。但財祿仍不多。若有廉貞化忌時，有性格上之古怪，人緣關係上有一些問題，亦惹官非。身體會有一些問題，是血液上的問題和肺不好。也容易有外傷、血光，或從事驚聳危險之工作。

『紫微在辰』、『紫微在戌』命盤格式

紫微在辰

巳	午	未	申
天梁(陷) 巳	七殺(旺) 午	未	廉貞(廟) 申
紫微(得) 天相(得) 辰			酉
天機(旺) 巨門(廟) 卯			破軍(旺) 戌
貪狼(平) 寅	太陽(陷) 太陰(廟) 丑	武曲(旺) 天府(廟) 子	天同(廟) 亥

紫微在戌

巳	午	未	申
天同(廟) 巳	武曲(旺) 天府(旺) 午	太陽(得) 太陰(陷) 未	貪狼(平) 申
破軍(旺) 辰			天機(旺) 巨門(廟) 酉
卯			紫微(得) 天相(得) 戌
廉貞(廟) 寅	丑	七殺(旺) 子	天梁(陷) 亥

『紫微在辰』、『紫微在戌』兩個命盤格式是格局相互顛倒的兩個命盤格式。都有四組雙主星同宮的星曜。例如紫相、機巨、日月、武府。

紫相同宮：紫微、天相同宮時，無論是在『紫微在辰』或是在『紫微在戌』這兩個命盤格式中，都是紫微和天相皆居得地剛合格之位的。這表示紫微的旺度不高，天相的旺度也不高。所以紫相同宮時，其吉度是並不很高的，

也能算是中等程度的穩定、平和、安祥罷了。因此一般人對紫相運的企望很高，但是發覺實際上經過、遇上了，只只不過是一般的平和、並沒有特別的好運和富足而失望，或有所懷疑，這就是不瞭解紫相的旺度決定了它的吉度的問題。

紫相同宮時，紫微星只展現了氣度的安祥、穩重。使運氣維持在中等程度，表象高貴平和，不致於下墜。而天相星的福力也只是中等程度的福力，並使運氣和事物有條理化的走向。所以整個說起來，紫相同宮就代表著『緩慢、平和、條理化、使運氣和事物形成一個規則性的運行，而使人感到舒服，喘一口氣。這種種的跡象不但是出現在財運上、人緣關係上、事業運上、感情問題上、是非爭鬥上，總之一切的事物都得到喘息，但並不一定會得到大錢財，大好運的。

紫相和文昌或文曲同宮時，在辰宮是較強。在戌宮較弱。因昌曲在辰宮居得地之位，在戌宮居陷位。因此紫相、文昌同宮於辰宮時，為人較精明，學習力強，外表更斯文有氣質，讀書能力好。紫相、文曲同宮於辰宮時，人緣更佳，口才好，多才藝，喜歡助人。紫相和文昌或文曲同宮於戌宮時，缺乏斯文氣質，思想較粗俗，口才差、才藝差，學習力和精明力都差。有文昌化忌或文曲化忌時，更有頭腦混沌，在文字、口才上常出差錯而惹是非禍端。

紫相和左輔或右弼同宮時，有左右手、平輩貴人相助，此時貴人是幫忙紫相更平和、穩當，做事有條理而享福的。也會在錢財上幫忙平順。這是吉度增高的貴人運。

紫相不會和祿存同宮，因祿存不會出現在辰、戌宮。

紫相和擎羊同宮時，這是『刑印』的格局，會使其人變得陰險，多思慮而享不到福。並且天相是印星，掌官符印鑑。『刑印』就是刑剋官印，表示無法掌權、掌官印，做大官。既使做了官，有此格時，流年逢到，也會因事犯案惹官非，下獄。因此有『刑印』格局的人，不宜做主事之人或做公務員，以免有難。紫相、擎羊同宮，亦表示破相，福不全。雖有紫微星，但制不了擎羊之惡，反而會使紫微星偏向陰險狡詐的一面。因此有紫相羊同宮時，必會有災禍、傷災、刑剋方面的事情。也會受騙，失財。在命宮、事業宮會有專業技能。

紫相和陀羅同宮時，也是破相、福不全，勞心勞力、桃花變色，會有受騙、失財等現象。但會比紫相羊的災禍稍輕一點。

因為陀羅是拖延、遲鈍、緩慢之星，會慢一點才發作。陀羅也有在內心中做文章，有扭曲的思想，不願表露出來，它不像擎羊星會快速、衝動的攻擊別人，因此不吉的事會較慢才展現。紫相、陀羅同宮時，因三顆星皆是速度慢的星，因此展現的是較緩慢、愚笨的現象。在命宮和事業宮出現，會有專業技能。

紫相和火星或鈴星同宮時，是外表動作緩慢，而內心急躁的現象，它也代表著病痛、殘疾或是帶病延年的現象。火星、鈴星仍是刑剋天相福星的煞星，也會財留不住，有耗財現象。

紫相和地劫或天空同宮時，不富裕、貧困。會入空門或為學道之人及宗教中人士。長相外表氣派、端莊，但是不到福、勞碌、孤高。

紫相與化星同宮時，有紫微化權時，表示在平和、地位高之處掌權可從事政治業或為負責人、高級主管。有天生的福力來掌權，能得重望，人緣佳。有紫微化科時，表示有高貴、文質的氣質，外表俊秀，做事有條理，工作能力強，天生的福力更好。

機巨同宮：天機、巨門同宮，在『紫微在辰』命盤格式中是居於卯宮，在『紫微在戌』命盤格式中是居於酉宮。機巨同宮時，天機都是居旺的，巨門都是居廟的。此兩星同宮，以天機的力量略強一點。因此機巨同宮代表的意義是智慧非常高，聰明多才智，也善變，機巧多變，善於應變，口才非常好，多是非口舌，但能以口才來說服，化解，講理，因此口才也是機巨強勢的利器。可是太過於善辯，性情有些古怪，有時候他自己變得太多，辯得也太多，以至於自己也有些強詞奪理而弄不清是真是假了。

機巨同宮也代表高學歷、高水準的知識群體。吉度是很高的。但多變和是非仍是人們所不喜歡的。

機巨同宮，外表和形狀都高大壯碩，運氣十分好，有愈變愈好，智慧、應變能力超強，口才又好，吵架都會贏。

是其本身就會製造是非、引發是非，可再藉由是非來得利的機會主義者。因此這是十分聰明、靈巧的超能力了。但不喜依靠別人幫助，為白手成家之命格。

機巨和文昌或文曲同宮時，在卯宮，文昌居平，文曲居旺。因此在卯宮機巨和文昌同宮，文質的氣質差，學習和精明能力差，只能從事技術性的研究工作了。機巨和文曲同宮在卯宮時，口才更好，圓滑、善辯、有才藝，會從事與口才方面的巧藝工作。機巨和文昌或文曲在酉宮同宮時，昌曲皆居廟位。因此機巨和文昌在酉宮，是代表知識性高超，學歷、智慧較高，有專業高科技、高知識水準的地位的。但也是在爭議中步步高陞的。機巨和文曲在酉宮，代表口才能力上的智慧高，多才藝，適合從事戲曲方面、歌劇方面，音樂、韻律方面、舞蹈方面、藝術性的高地位發展。而且在這些方面的知識性、智慧性較高，可佔一席之地位。

機巨和左輔、右弼同宮，左右輔星幫助機巨的是聰明才智和變化中向吉方趨吉的力量。它也會使機巨中的巨門口才更好，更有主控力，用口才去獲得勝利，達到目的，因此左輔或右弼也能使機巨在專業研究中更上層樓。左輔、右弼也能使機巨更具有人緣和親和力，而享受到貴人運。機巨原本是人緣不算好，性情有些古怪的，親和力差的。

機巨和祿存同宮時，祿存帶給機巨的財是『機月同梁』格的財，也就是固定工作所生之財。財並不算特別大。但是有工作就有薪水，而且是高薪，此起一般『機月同梁』格的財是大得太多了。

祿存帶給機巨的人緣關係仍是保守的，範圍狹隘的，因為祿存本身就屬於孤獨和獨自一人的財之故。再加上機巨本身的人緣欠佳。因此在人緣關係上仍很狹隘。

機巨和擎羊同宮時，因擎羊在卯、酉宮為居陷，因此機巨羊同宮時的表象就較矮小瘦弱、骨感、骨節大。巨門是暗曜，擎羊是煞星、刑星，對居旺的天機做出刑剋。因此是陰險、狡詐、聰明作怪、有邪佞思想和作為的。若四方三合再遇火星，形成『巨火羊』的惡格時，容易有自殺現象或以死亡來陷害別人之舉動，行為怪異。

機巨和火星或鈴星同宮時，火星、鈴星在卯宮為居平，較凶。在酉宮為居得地之位。但火、鈴為煞星，沖剋天機、巨門，因此有機巨、火星同宮或機巨、鈴星同宮，易有刑配之事，主有官非、喪服、破財、火災遭難等事故。四方三合再遇擎羊、亦會有厭世的念頭，容易自殺身亡。

機巨和地劫或天空同宮時，表示孤高自負，有異於常人之思想，並且貧窮、孤獨、身體有疾病。為貧苦無依，而且拒絕別人關心的境況。

機巨和化星同宮時，有天機化權，表示能掌握智慧和變化中的主控權，而使自己得利。有巨門化權時，表示在變化中能以口才來掌握主控權，讓自己得利。有天機化祿時，表示人緣稍好，能用服務精神及工作性質來增財，使自己得利。有巨門化祿時，表示能用聰明的頭腦和圓滑的口才使別人信服，來使自己得利。

有天機化科時，表示能用聰明的頭腦，以及辦事能力和文質的氣質在與人競爭中，讓人有好印象來得利。

有天機化忌時，表示在變化中，智慧有瑕疵，應變的能力也不佳，而受制於是非口舌的爭論之中。有巨門化忌時，表示口才不佳，常因言語遭災、引發災禍，聰明才智也無法發揮，知識能力也不足了。

日月同宮：太陽、太陰同宮時，在『紫微在辰』命盤格式中，是居於丑宮，此時太陽是居陷位的，太陰是居廟位的。表示是夜間的景象。在『紫微在戌』命盤格式中是居於未宮、太陽是居於得地剛合格之位，太陰是居陷的，表示是白天、接近下午的時候。

日月同宮時，都有陰晴不定的情緒起伏，在運氣上也有不同的起伏。在丑宮的日明同宮，代表周圍的運氣極低，只有財運還不錯，這是屬於薪水的財和儲蓄的財而言的。而且日月同宮在丑宮，表示是用感情的模式在揣度、感覺別人的能力是較強的。因此是重感情，不重理的。在未宮的日月同宮，表示外在的運氣還不錯，但是錢財卻少了一點，是比較窮困的。而且在感覺能力上較差，只是用寬容的態度去對待人，但無法體會別人內心的真正想法。所以日月在未宮算是主貴的現象，日月在丑宮是主財的現象。

太陽、太陰同宮時，因為總有一個太陽或一個太陰是一明一滅的現象，所以總是運氣是半吉半凶的。也會時好時壞的，所以性格上是不開朗的。在丑宮，是陰氣較重的，在未宮是陽氣較重的，處在日月交替的地方，是故勞碌如日月穿梭，是奔波命。有感情困擾。

日月和文昌、文曲四星同宮時，在丑宮，昌曲皆居廟位。有文質的外表和氣度。是風流才子的典型。但容易情緒起伏，多疑多慮，心情反覆無常。並且貌美、情感豐富，桃花重，也易受傷。在財運方面是豐厚，富足的。在未宮，因文昌居平，文曲居旺。主官貴，事業佳，智慧，精明力雖差一點，財運也薄弱，但口才好，仍得人喜歡，桃花人緣是不錯的，有助升官。

日月和左輔、右弼同宮時，也是四星同宮，表示有貴人運，但幼時與父母緣薄，為別人帶大。一生中有平輩貴人相助成功。在丑宮，貴人幫助的是在財運方面的事情，在未宮，貴人幫助的是事業方面。有左右和日月同宮時，其人人緣較好，但朋友都是平輩的人，與長輩仍有隔閡。

日月不會和祿存同宮，因祿存不會出現在丑、未宮。

日月和擎羊同宮時，其人的思慮更複雜，更煩亂。性格更內向，容易向不好的方面想。為人更衝動，人緣更差。在丑宮時，得財不易，在未宮時升官不易。日月受擎羊刑剋，容易有憤世的念頭與壓力會自殺。同時與別人的關係也很緊張。六親緣份淺薄。

日月和陀羅同宮時，性格很悶，有事不願向別人講，也不會向外求援，凡事在自己的心中做文章，懷疑別人的心很重，多是非災禍，性急，但又做事拖拖拉拉，處處表現很笨的樣子，六親緣份淺薄。

日月和火、鈴星同宮時，性格急躁，思想不周延，衝動而做事常出錯。容易有火災、燙傷的事故。也容易有車禍事故。身體有皮膚病或暗疾。六親緣份淺薄。

日月和地劫或天空同宮時，思想孤高。與人格格不入，財運成空，萬事成空，宜入宗教中寄託。六親緣份淺薄。

日月和化星同宮時，有太陽化權時，在丑宮，能在暗中掌實權，做幕後檯面下的工作，能掌實權而得財多。在未宮，能在檯面上掌實權，事業發展好，但財少。

日月同宮有太陰化祿時，在丑宮，做幕僚人員，能掌握財政大權，賺錢多。在未宮，有高位，能掌握財政大權，但管到的錢很少。

日月同宮有太陽化祿時，在丑宮，在幕後做幕僚人員有很好的機會，人緣好，亦能有好的財運。在未宮，在檯面上工作，地位高，稍有財利。有太陰化祿時，在丑宮，完全是以賺錢為主的格局，陰財多，薪水高，儲蓄豐厚，出租房地產也能得豐厚的租金，賺錢很多。在未宮，地位較高，薪資在中等左右。有太陰化科時，在丑宮表示在理財方面很有條理，做事能力高，為人氣質溫柔高雅。在未宮，表示運氣旺，氣質高雅，但無財，感覺能力和人緣不理想。

日月同宮有太陽化忌時，表示和父親及男性有是非、感情不順、不和。也表示在事業上有阻礙。運氣中是吉中帶凶的。同時在自己的性格中也有瑕疵困擾，拿捏不準的狀況。有太陰化忌時，表示和母親及家中或外面的女性有是非不和，感情不順的情形，並且自己在感覺能力和情感上表達能力不佳，情緒也常起伏困頓，無法排除，煩惱特別多。

武府同宮：武府同宮在子宮，是在『紫微在辰』命盤格式之中，武府同宮在午宮，是在『紫微在戌』命盤格式之中，武府同宮在子宮時，武曲星是居旺的，天府是居廟位的，是最旺。武府在午宮時，武曲、天府雙星皆在旺位，其天府星就比在子宮時稍遜一級了。但是仍然很旺的。

武曲是正財星，天府是財庫星，這兩星同宮時，代表的就是錢財和財富。這是極大極大的財富。因此有武府坐於財帛宮的人，或武府坐命的人都非常有錢。

武府同宮時，有剛直的性格，善計較、吝嗇，有錢都要放在自己的庫中儲存。很會理財，做事一板一眼，為人也很公正，不會貪便宜，只是不喜歡別人來佔他的便宜。因此很多武府坐命的人會做公務員，以積蓄錢財致富。

武府同宮時再有文昌或文曲同宮，在子宮比較好，昌曲居得地之位，錢財會更多，為人更精明，計算能力更好，並且也有文質秀氣的外表，精明幹練，智慧也高。在午宮，文昌、文曲居陷位。會使武府的財減少，也沒有文質秀氣的氣質了，並且智慧較低，精明度很差，有耗財的跡象。

武府和左輔、右弼同宮時，左輔或右弼幫助武府的就是賺錢的能力和儲存入庫、理財的能力。因此武府和左輔、右弼同宮時是更能增加武府的財富的，也會增加武府能得到好的左右手、貴人運，並使其更有合作精神，使賺錢的速度更快、更多。

武府和祿存同宮時，武府已經是極具富有的格式了，祿存會使武府的錢財更擴大。也更吝嗇。天府是計較之星，祿存是小氣財神，他們在乎的，計較的是錢財收歸自己的財庫，自然是對周圍覬覦之人防犯甚嚴的了。在『子宮的武府、祿存同宮』要比『在午宮的武府加祿存』還要富有，也還要小氣吝嗇。這是因為雖然有相同的三顆星，但子宮的天府居廟，午宮的天府居旺，略遜一疇之故。

武府加擎羊同宮時，因擎羊在子、午宮都是居陷位的，煞星居陷，自然是刑剋更重，更凶的了。此為『刑剋』的格局，武府被羊刃沖破，也算是『因財被劫』的格式。為人剛愎慳吝，財不多，為公務員或專業人士，具有奸滑、不仁的性格。易有傷災、血光。

武府和火星、鈴星同宮時，也是『刑財』的格局，有耗財、財不多的狀況，火、鈴在子宮居陷，在午宮居廟。因此武府和火、鈴同宮在午宮時，雖有破財、耗財，但情況沒有在子宮嚴重。但依舊有是非、禍端，因為火、鈴會和武府對宮的七殺相照而引起的。

武府和地劫或天空同宮時，表示有富有的假象，但一切成空，仍然是看得到錢，而摸不到錢的景況。並且時常破大財。

武府與化星同宮時，有武曲化權時，表示能掌有大財富，而且對大財富有主控權，賺錢很容易。有武曲化祿時，表示人緣機會特佳，財富正源源而進，永遠也不會停止。有武曲化科時，表示會以文質優美的方式，並且擁有很好的理財能力和賺錢的方法來賺到大財富。有武曲化忌時，表示錢財上多是非不順，雖然也有進財的方法，但仍有金錢困窘的危機。

『紫微在巳』、『紫微在亥』命盤格式

紫微在巳

紫微(旺) 七殺(平) 巳	午	未	申
天機(平) 天梁(廟) 辰			廉貞(平) 破軍(陷) 酉
天相(陷) 卯			戌
太陽(旺) 巨門(廟) 寅	武曲(廟) 貪狼(廟) 丑	天同(旺) 太陰(廟) 子	天府(得) 亥

紫微在亥

天府(得) 巳	天同(陷) 太陰(平) 午	武曲(廟) 貪狼(廟) 未	太陽(得) 巨門(廟) 申
辰			天相(陷) 酉
廉貞(平) 破軍(陷) 卯			天機(平) 天梁(廟) 戌
寅	丑	子	紫微(旺) 七殺(平) 亥

『紫微在巳』和『紫微在亥』兩個命盤格式是命理格局相互顛倒的兩個命盤格式。它們都相同的有六組雙主星同宮的星曜格局，例如：紫殺、機梁、陽巨、武貪、同陰、廉破。

紫殺同宮：紫微、七殺同宮時，居於巳宮時，是『紫微在巳』命盤格式中的狀況，居於亥宮時，是『紫微在亥』命盤格式的狀況。

紫殺同宮時，紫微是居旺位，七殺是居平位的，紫微是帝座，七殺是殺星，居平時，其實已經算陷落了，紫微忙著安撫七殺這顆殺星，因此力量會變得薄弱。

紫殺同宮所代表的意義是：外表看起來運氣還不錯，有意志力想要用血汗去拼一拼，因此做事努力，花費了一番心血。但這種努力是勞力付出比較多的，在智慧營謀方面比較少的，因此所產生的結果並不如自己期望中的高，但已比其他的運氣好很多了。

紫殺同宮時的辛勞打拼是高興時、心甘情願時很愛打拼，無怨無悔。不高興時，心裡不太情願時，就動作緩慢、懶惰下來，甚至一動也不動了。所以紫殺有頑固，個性倔強、凶悍、威嚴、穩重，高興時喜言論、高談闊論，不高興時沈默、陰沈、懶得搭理人。只對自己有興趣的事關心。紫殺坐命者都有一股蠻幹的傻勁，那是對他自己所認定的目標向前邁進的時候，倘若目標不明確，或不認同那是個好目標，便會懶洋洋的像病貓一樣，提不起勁來了。紫殺坐命者有大眼（瞳孔很大）看起來凶悍威嚴。因為有紫微同宮的關係，他們都會有氣派體面的相貌，身體的骨骼硬朗，並不很胖，但骨架大十分明顯。他們一生容易從事需要練習次數繁複的行業或堅苦學習的行業，例如鋼琴家、舞蹈家、畫家或鐵工廠、建築業等等，工作型態是十分勞碌辛苦而有技術性的。

紫殺和文昌或文曲同宮時，在巳宮，昌曲居廟，紫殺會脫離一般粗壯的線條，而變得斯文、有氣質，也比較有智慧、聰敏、知識程度高、精明、有計算能力。或是口才好，才藝多，會在文質的機構或藝術界工作。在亥宮，文昌居平、文曲居旺。紫殺、文昌在亥同宮時，仍和一般的紫殺沒有兩樣，是智慧和精明度不高的，氣質也不算好的。紫殺、文曲在亥宮，口才能力好、桃花強、才藝也多，易賺口才方面的錢財。

紫殺和左輔或右弼同宮時，左右輔弼之星幫助紫殺的是盡量平順祥和，減少勞碌和破財。最主要是減少勞碌了。紫殺和平輩貴人之間的關係以在巳宮為最強，因左輔、右弼屬土。在巳宮最旺，在亥宮不旺，所以紫殺和左輔、右弼同在亥宮時，只會有一、兩個好朋友來幫助而已。在巳宮時，會有眾多平輩的貴人來相助。

紫殺和祿存同宮時，因為紫殺本身不帶財，雖然有的人也以七殺為財星，是辛苦勞碌的財星。但紫殺同宮時，七殺已經居平，幾近陷落了，仍不能算是有財。祿存和紫殺同宮時，因紫殺本身的財少，故祿存所能帶給紫殺的財是生活用度所需的財，是比一般只有紫殺時的財運稍好一點的財，但是無法稱富的。

紫殺和陀羅同宮時，陀羅在巳、亥宮都是居陷位的，紫微要制住兩個陷落的煞星是更形困難的了。因此紫殺、陀同宮時是更形愚鈍，固執。外表是矮壯、破相、臉上有傷疤、凹陷，亦或有雀斑、痲子、形體粗俗、少話沈默、心中有鬼主意、思想不正派。也容易有較多的傷災、病災。做事更懶惰、不積極、智慧不高，亦會有傷殘之事。

紫殺和火星、鈴星同宮時，多意外災禍，也多是非爭鬥，容易見血光、打鬥、競爭激烈之事，且多車禍、傷災要小心。

紫殺和地劫、天空同宮時，為佛道中人，入空門則吉，可為宗教領袖人才。若為一般人也是四大皆空的命格，不容易賺取到錢財，為貧困之命格。

紫殺與化星同宮時，有紫微化權時，表示趨吉避凶的能力特強，有爭取地位、權勢的主控權，宜向政界發展。有紫微化科時，表示做事有條理，長相有氣質，講究原則，也有主控平順的方法，宜向文質工作發展。

機梁同宮：天機、天梁同宮時，無論在辰宮或在戌宮，都是天機居平，天梁居廟的，這表示其人是自作聰明，真正的智慧並不高（這是別人來看他）。而他們有蔭福、有貴人運。長輩、父母、比他年紀大的人都會照顧他。所以他的小聰明其實用在找尋對他好，對他有利的貴人之用上了。

機梁同宮時，因天機居平，因此天機的特點不明顯，只有動感、變動較多，較勞碌。天梁居廟，天梁的特點是特別展現出來的，例如，口才好，喜歡做軍師，幫人出主意。會表現慈善的一面，但不會負責任，有油滑的特性。

機梁不主財，因此在錢財上不夠富足的，他們的財只有藉由『機月同梁』格中的薪水、儲蓄來堆積而成。但機梁坐命的人，常自恃有小聰明，也有些偏財運而投機取巧或亂投資，造成自己人生中更多的起起伏伏。

機梁與文昌或文曲同宮時，在辰宮，文昌、文曲是居得地剛合格之位。因此機梁、文昌同宮在辰宮，是外表氣質好、智慧、精明也都不錯的人，為人溫和，長相美麗，也有做事能力的人，再有祿星在四方三合處出現，就會有『陽梁昌祿』格，會增高人生的層次與架構。當機梁、文曲同宮於辰宮時，口才特佳，為人圓滑，人緣好，會靠口才吃飯。

因文昌在戌宮居陷位，因此機梁、文昌同宮於戌宮，是智慧低，沒有氣質，也沒有精明力的人，貴人運也只是一般的貴人運罷了。機梁、文曲在戌宮，也主口才不佳，話少，常說錯話而不敢說話，自做聰明也會出錯，才藝也不行。

機梁和左輔、右弼同宮時，左右輔弼之星幫助機梁的是多找貴人來幫助他。因此機梁和左輔同宮或是機梁和右弼同宮，貴人就特別多，不論是長輩、平輩、晚輩全都來相助，人氣特別旺，一呼百應，故是有領導能力，也能做一番大事業了。

機梁不會和祿存同宮，祿存不會出現在辰、戌宮。

機梁和擎羊同宮，擎羊在辰、戌宮雖居廟，但仍然是凶悍的，帶有衝動，刑剋的色彩。故此三星同宮時，表示陰險狡詐，用腦過度，自私險惡，喜歡算計別人，一生辛勞，靠家人過活，有專業能力者較好，會有財祿。但多傷災和不吉之事。

機梁和陀羅同宮時，陀羅在辰、戌宮也居廟，但仍屬煞星，有愚笨、拖延、自以為是的想法，但為人較靜，不願意向人表露。陀羅對人的刑剋，居廟時，只是外表粗壯、心理悶，心結解不開，有傷災，情況不算嚴重。

機梁和火星或鈴星同宮時，在辰宮，火、鈴居陷，主是非、爭鬥、傷災。個性和行為火暴、急躁，快速快決，做人不實在，好賭成性，且常失敗。在戌宮，火星、鈴星是居廟位的，仍然是爭鬥多，急躁，好賭的天性，人生中起伏落差很大。

機梁和地劫或天空同宮，因萬事成空，賺錢、儲財不易，因此宗教緣重，宜入空門，則賺得到錢，但仍是衣食所需之財。因此此命格者多靠宗教來賺錢，財來財去。

機梁和化星同宮時，有天機化權時，表示能掌握時機的能力有一點並不強（天機居平的關係）。還是貴人運多一點的情況。有天梁化權時，表示能主控貴人運來相幫助的時機。貴人運特別強。同時也能強力的主導自己在考試，升職中佔有好運氣的運勢。有天機化祿時，表示會有一點機會出現在變化多端的時刻裡，讓你得財，但此財最好是服務別人所得之財會較持久。有天梁化祿時，表示貴人使你得財，但財不多，也許是幫上忙，卻財很少的狀況。有天機化科時，表示在工作中稍有一點做事有條理的聰明才智，外表長相也會有文質的氣質。有天梁化科時，表示相助你的貴人都是很有氣質的人，並且你自己也會用有條理、斯文、有氣質的方法去照顧別人。有天機化忌時，表示其人思想上是有問題的，容易引起是非災禍，也容易有不聰明的情形，造成很多問題發生，更表示其人有自做聰明而害到自己的情形，但他的依然是會有貴人相助的。

陽巨同宮：太陽、巨門同宮時，在寅宮，太陽居廟，巨門居廟，在申宮，太陽居得地剛合格之位，巨門居廟。因此陽巨同宮時，同樣都是口舌是非很多的狀況。而在寅宮時，因太陽居旺，會比較寬宏，人會傻哈哈的，比較不計較。而在申宮時，太陽只居得地剛合格之位，人會比較懶，廢話多，看起來比較嚕嗦計較。

陽巨同宮時，因為太陽只放出光與熱，少計較，而巨門的力量相形變大了。喜歡用口舌來解決事情。也喜歡用口舌來糾纏別人，因為巨門是暗曜的關係，不過他們的是非口舌雖多，但是有開朗的心胸，倒是不常生氣的，也不在乎別人的責難。因為他們都可用口才瞎掰回來。

陽巨不主財，只主運氣的旺盛。太陽是官星，主事業，主陽剛之氣。巨門是暗曜，為隔角煞，為陰氣。對官貴和事業有限制和影響作用，也算是有刑剋和阻礙作用的。所以陽巨同宮時，不會有太強的事業運，也不會有太強的財運，只是心情好、快樂、愛說話、管閒事、喜歡佔口舌上的便宜、不用大腦、也較不會生氣、計較，算是寬宏、喜歡逞口舌便利的性格和運程，也喜歡競爭。

陽巨和文昌或文曲同宮時，在寅宮，文昌居陷，文曲居平。因此陽巨、文昌同宮在寅宮，是外貌較粗俗，頭腦不精明，智慧較愚鈍的人。陽巨和文曲在寅宮，是口才不好，喜歡亂講話，常惹是非，頻頻出亂子的人，也常遭挨罵。昌曲在申宮是居得地剛合格之位的，因此陽巨、文昌在申宮時，會稍具文質的外貌，聰明度高一點，說話也犀利一點。陽巨、文曲同宮在申宮時，其人的人緣較佳，口才好、討喜、愛惹是非，但總對自己有利，做人較懶。

陽巨和左輔或右弼同宮時，左右輔弼之星幫助陽巨的是在運氣方面的獲得，使他們運氣好。也會使他們的口才更具說服力，但是在錢財方面卻不見得有幫助。陽巨和左輔或右弼同宮時，其人是具有合作精神的人，他會知道在什麼樣的狀況下和人協調溝通，會使自己有利。因此他會把握這個原則去找到能合作及能幫助自己的人，這個人就是他的貴人了。這也就是貴人運了。

陽巨和祿存同宮時，祿存帶給陽巨的財並不十分多。因為陽巨並不主財。所以祿存帶給陽巨的只是靠口才賺取的，能生活衣食的財。陽巨、祿存同宮時的財祿是小康環境中衣食無缺的財，是無法富有的。當陽巨、祿存同宮時最怕生於甲年，會有太陽化忌出現，更形成『羊陀夾忌』的惡格，有橫死的災禍。有此格局的人，在寅、申年都要小心度過才行。

陽巨和陀羅同宮時，因陀羅在寅、申宮皆是陷落的，是故代表著外表粗俗、愚笨，有強烈的頑固，學習力不強，智慧低，內心扭曲，做事拖拖拉拉，一事無成，是非多，沒有成就，只是一個庸俗之輩。

陽巨和火星或鈴星同宮時，表示性情急躁火暴，好爭鬥，容易起爭端，是非災禍突發頻至，也容易有火災、燙傷的事件。

陽巨和地劫或天空同宮時，對宮會出現另一個天空或地劫，兩相對照，而使劫空坐實了。因此萬事成空，為貧困之格局，也會使人的是非少一點，宜入空門修道。

陽巨與化星同宮時，若有太陽化權，表示在男性社會團體中，對男人有主控力、領導權。在工作上也有主控權，升官比較快，運氣比較好。有巨門化權時，表示在是非爭執中，能主掌主控力，對人有強勢的說服力，吵架都會贏。有太陽化祿時，表示在工作中能得到稍許的錢財利益。並且也代表與男性的關係較圓融。有巨門化祿時，表示在用口才的工作中能得到利益。其人為人是蠻油嘴滑舌的。有太陽化忌時，表示與環境中所有的男性有糾紛。容易和男性不和，有『羊陀夾忌』時，而且相夾的是太陽化忌時，會因男性的剋害而致死。陽巨同宮有巨門化忌時，主是非爭鬥特別厲害，而且不容易脫離是非口舌的環境，遭災也很嚴重。

武貪同宮，武曲、貪狼同宮時，不論在丑宮或在未宮，都是雙星居廟位的，這表示財力和好運的力量都雙雙獨佔鰲頭。武貪同宮實際上是『紫微在巳』和『紫微在亥』兩個命盤格式中最好的命格和運程了。它是強過於紫殺同宮的。

武貪同宮時，武曲是正財星，貪狼是好運星、將星，這是正宗的『武貪格』偏財運格中的主星，俱有無上的暴發能力，不但在旺運方面，在財運方面，都具有突發的好運機會，而且可以一蹴而上高位，具有高權勢、高財富的境地。因此是眾人艷羨，但並不是每個人都能得到的好運機會。武貪同宮的運勢是強勢的運勢，也是所向無敵的運勢，時間並不長，只有一年的時間，因此需有計畫的幫助儲財，或做後續延續的工作，好運才會留得久一點。

武貪有剛直、強悍、衝動、人緣特佳，運氣運行速度感很快速，為人正直、正派的特性。它比火貪更是走在端正路線上的好運機會。

武貪代表的是強勢的運氣和強勢的人，例如軍警業中主掌權勢的高官。例如政治界的人物，例如賺錢快速又多的行業、操作買賣股票的人或富賈。都是有強勢競爭力的人。也屬於陽剛氣重的人。

武貪和文昌及文曲星四星同宮時，在丑宮，昌曲居廟，其人有文質氣質的外貌，桃花強、人緣好，外觀性格溫和，但有內在的固執和偏執。其人很能幹，做事能力很好，但在某些方面也會有政事顛倒，糊塗的情形。武貪、昌曲在未宮同宮時，是口才好，外貌略差一點，不夠俊美，仍有溫和的外表性格，內在更是固執和偏執的。做事能力略遜，常有糊塗、帳目不清的問題。

武貪和左輔、右弼四星同宮時，左右輔星幫助武貪的是得到更好的好運和更大的錢財。因此左輔、右弼對武貪的幫助很大，並且是大大的加分作用的。左輔代表男性平輩貴人，右弼代表女性平輩貴人。左輔、右弼同時和武貪出現同宮現象時，表示男女的平輩貴人一起來襄助武貪，其力量之大，是無可比擬的，而且這也會幫助『武貪格』暴發運的快速爆發和增加爆發的威力。

武貪不會和祿存同宮，因為祿存不會出現在丑、未宮。

武貪和擎羊或陀羅同宮，羊陀在丑、未宮都是居廟位的，會更增加武貪的強悍性和掠奪性。但是它的也會刑剋武貪的好運和刑財，並且在『武貪格』中形成破格。『武貪羊』同宮為破格時，以小血光見紅可破禁忌，依然可保有偏財運或暴發運。有『武貪陀』同宮時，用小血光、破財、勞碌奔波的方式忙個不停也可破此破格，而擁有偏財運和暴發運，只是會晚發。

『武貪羊』和『武貪陀』都有傷災、破耗的成份，因此偏運不會是最強的，但仍可發得很大。

武貪和火星或鈴星同宮時，是『雙重偏財運』或『雙重暴發運』格。爆發的力量數倍於原來的『武貪格』。因為這是『武貪格』和『火貪格』或是『武貪格』和『鈴貪格』所組成的雙重暴發格。自然是有無比的威力了。

『武火貪』格和『武鈴貪』格出現在人生的格局中，人生的變化都會非常大的。而且其人的性格、處事態度也受影響，有怪異的想法和行徑。他們在時間的交叉點上可以得到最高最旺的好運和暴發財富。但那在人生中只是幾個點狀的時間而已，其他的時間便在起起伏伏中度過了。

武貪和地劫或天空同宮時，暴發運不發，偏財運也不發，是沒有財也沒有運的情況。一切以平和、祥順、平淡為主的時間和運程。也是萬事成空的時間和運程，因此沒有喜也沒有憂了。

武貪與化星同宮時，若有武曲化權，則命格和運程中以掌握政治性的權力運氣或掌握錢財方面的運氣有主控力。並且在暴發旺運時，以暴發政治權勢和財富為第一要件。若有貪狼化權時，則在掌握好運方面有主控權，會因有突發的機會而得到大財富。有武曲化祿時，人緣好，主富。主要以暴發錢財為暴發格的導向，是正宗的『偏財運』格。有貪狼化祿，主人緣桃花特強，運氣特好，處處得利。暴發運以快速圓滑的方式暴發在運氣上，會以特佳的暴發運來升官、升級，而得到財富。有武曲化科，表示理財能力很好，在暴發偏財運時，會有很好的手段和方法來優雅的得到偏財運和暴發運。同時代表你的暴發運是經由文質的工作，有氣質的事物間接而得到的。

武貪同宮有武曲化忌時，暴發運和偏財運不發。並且有金錢上的是非、麻煩，或金錢不順的情形。有貪狼化忌時，暴發運和偏財運不發。或者是在有暴發跡象時，就隨之而來有是非災禍或是人緣上交惡或爭執，而有糾紛，使暴發運和偏財運發不了。

同陰同宮：天同和太陰同宮在子宮時，是『紫微在巳』命盤格式中的狀況。同陰同宮在午宮時是『紫微在亥』命盤格式中的狀況。同陰在子宮，天同是居旺的，太陰居廟位，是溫和、柔美、聰明、多情、陰柔、感覺能力很強，體貼入微、善解人意和女性關係好，在平和中主富，有陰財能積蓄致富的現象。同陰在午宮時，天同居陷位，太陰居平位。實際上，同陰在午宮，皆算是居陷了。這是溫和依舊、陰柔，但聽明度不足，感覺能力很差，不能善解人意，和女性不和、競爭力很差，沒有財，也沒有儲蓄力、福力不足、窮困的象徵。同陰在子宮或在午宮有天壤之別，這是因為星曜所在方位的不同，而有旺弱之分的緣故。

同陰和文昌或文曲同宮時，在子宮，昌曲居得地之位，在午宮居陷位。因此同陰和文昌同宮在子宮是外表長相俊美、溫柔多情、精明幹練，而且氣質好、智慧較高、財力豐厚的。同陰和文曲同宮在子宮，是口才好、外表美麗、溫柔、桃花強、才藝高，也十分聰敏練達的人。同陰和文昌或文曲同宮於午宮是外表溫和懦弱、陰柔、長相、氣質普通、人緣不佳、不聰明、智慧不高、口才不佳、唯唯諾諾、內心固執、本身財力很差，較窮困。

同陰和左輔或右弼同宮時，左右輔星幫助同陰的是享福的能力和陰財的獲得和儲蓄的能力。同陰在子宮時和左輔同宮，或和右弼同宮時，因同陰在子宮居廟旺，本身的福力和財力較大、較豐厚，所以左輔或右弼能幫助他們的能力也較大，因此同陰在子宮時的貴人運就十分的明顯和有力了。同陰在午宮時，因本身的福力沒有，財力也欠缺，因此再有左輔或右弼來幫忙，幫助得也有限，只是不致於運氣再低，其人稍具一些合作精神和親和力，性格不那麼古怪，而可以溫飽罷了。

同陰和祿存同宮時。同陰在子宮和祿存同宮，可以再得到多一倍的陰財和儲蓄的財，但是這是一種自己能力賺取的財，是薪水族所努力的財。有好的工作也可以發富，但時間很長，同陰和祿存在午宮同宮時，因同陰居陷，祿存所帶給它的財是衣食溫飽的財，談不上富有和多金了，也不可能儲蓄了。

同陰和擎羊同宮時，因擎羊在子、午宮皆居陷位，而且擎羊是煞星，會刑剋同陰，且因同陰皆屬溫和的星，被刑剋尤其嚴重，擎羊會刑剋同陰的福力與財力，而讓同陰特別勞碌，而得不到財，也享受不到平和悠閒的生活。同時在人的性格上會出現憂心、多愁、陰險、煩鬱、心悶、鑽牛角尖的特徵，流年不好時，會自殺。本身在感情上容易把別人想成不好的、非善意惡質的狀態，也會使自己的感情常受傷。形成自我刑剋的情況。同陰、擎羊在午宮時，因本身就無財，賺錢更困難，為內在陰狠狡詐之人。有血光禍事。同陰羊在午宮不是『馬頭帶箭』格，一定要是擎羊獨坐午宮，在子宮有同陰相照的格局才是。也就是說一定要是『紫微在巳』命盤格式，再有擎羊坐命午宮的人，才是『馬頭帶箭』格。『馬頭帶箭』格是貴格，一定有相當的財力的，所以他的外在環境是同陰居廟旺，在富有及溫和的環境中掠取錢財。它絕不是窮格的。

同陰和火星或鈴星同宮時，火星、鈴星皆是煞星，對同陰中的福星和陰財星有直接刑剋的力量，因此如此同宮的狀況也是不吉的。在子宮時，火、鈴居陷，對同陰的傷害很大，徒增勞碌，減少福力、急躁、耗財、儲蓄不了錢財，性格也會增加火爆。在午宮、火、鈴居廟，但仍對同陰不好。同陰本身在午宮也很弱了，又無財、無福，再加上火、鈴的衝動火氣，更是無福，也不能穩定。同陰是速度緩慢的星，火、鈴是速度快的星，同陰和火鈴同宮時更是格格不入，受害很深。

同陰和地劫、天空同宮時，萬事成空，無財也無福、勞心勞力，一事無成。在子宮，是外貌美麗，內在空洞、不食人間煙火的狀況。在午宮是本來就窮困，再有空劫，也依然是空無的狀況，反倒影響不大了。

同陰與化星同宮時，有天同化權，表示有自然形成的福力，而且自己本身即有掌控權，凡事會水到渠成。在子宮能安享福力而得財、得權勢地位。在午宮，福力較遜，主控力也較弱，財力也依舊很少。有太陰化權，表示對錢財和女性有主導權。能安享福祿。儲蓄和陰財致富的能力強。

同陰同宮有天同化祿時，表示人緣好、親和力強，能有在自然而然中而得財的力量。有太陰化祿時，表示財多，是薪水和房地產所生的財，感覺能力好，能用情來打動別人。同時和女人的關係猶佳。有天同化科時，表示有聰明的、溫和的、條理性的辦事能力，可讓自己享受福氣。因為有天同化科時，同時也會有太陰化忌，所以是天同化科、太陰化忌同宮的現象。在此現象中，是以享福為主的，財的部份就要打扣了，況且也多錢財上的是非，和女人的是非災禍，因此是半苦的狀態。有太陰化科時，表示有理財能力，也有溫和、柔美的氣質，做事有條理，合乎邏輯性。也善用第六感來揣測別人。有太陰化忌時，感覺能力差，和女人及錢財且有是非、口舌和爭鬥，內心常煩亂、心境不平和。

廉破同宮：廉貞、破軍同宮在卯宮時，是『紫微在亥』命盤格式中的狀況。廉破同宮在酉宮時，是『紫微在巳』命盤格式中的狀況。廉破同宮時，廉貞都是居平位的，破軍都是居陷位的。廉貞、破軍皆是煞星，這表示是有凶悍的特性。廉貞居平時，代表是智謀的缺乏，企劃能力不足。破軍居陷時，破耗多，衝動、不穩定、好戰、凶險，多血光、窮困。廉破同宮在運氣上的意義是運氣破敗不吉的，運至谷底，屬於窮凶極惡之運程，窮困、有傷災、血光等災禍。廉破入命時，有大膽、不顧一切、不在乎艱險、困難，也不在乎環境的困厄，會勇往直前的向前衝。他的相貌是談不上俊美漂亮的，而且身體氣質較粗曠，不拘禮儀，穿著邋遢，說話做事都很大膽，一生所處的環境都是破破爛爛的，他們也不以為意。所以容易從事艱險的工作。

廉破無論出現在那一宮，都是破耗不全的，因此是吉度非常低、不吉之同宮星曜。

廉破與文昌、文曲同宮時，不論在酉宮，昌曲居旺，或是在卯宮文昌居平，或文曲居旺，只要廉破中的破軍碰到文昌，或廉破和文曲同宮，皆是主貧困，有水厄的命理格局。但是若廉破、文昌同宮於酉宮，則還有斯文的外表相貌，以及智慧高，精細的計算能力及處事能力等特質。廉破、文曲在酉宮，主有口才、天不怕、地不怕、圓滑、桃花強，為桃花破財、窮困、水厄等特質。廉破、文昌在卯宮，則相貌不佳、有破相、氣質較粗俗。困厄、貧窮。廉破、文曲在卯宮，文曲居旺，仍是口才好、桃花強、破耗、窮困、有水厄的命格。

廉破和左輔或右弼同宮時，左輔和右弼幫助廉破的是破耗更凶，更是天不怕、地不怕，性格上毫不在乎，智力上也沒有增加。左右助星是助善也助惡的。廉破雙星都是煞星，當然就以助惡為主了。廉破只會耗財，無法生財，所以左右輔星也幫不上忙了。所以廉破和左輔或右弼同宮時，他的貴人運實際是為虎作倀的，在財運上並無幫忙。在凶悍上會增加威力，也可幫助他有稍許的錢財來破耗。

廉破和祿存同宮時，因為廉破本身不主財，而主破耗，所以自身的財太少了。就算有祿存同宮，祿存只是使他有衣食溫飽，並無法使他主富。

廉破和擎羊同宮，擎羊在卯、酉宮皆為陷落之位。此三個煞星同宮居陷，其陰險邪惡可想而知了。此三星同宮坐命時，會有矮小醜的外型、尖眼、形態猥瑣。性格奸詐、邪惡，有傷災、破相、非善類、短命。行運逢『廉破羊』的運程有傷災致死的可能。

廉破和火星或鈴星同宮，主與黑道、邪佞之事有關。是非爭鬥很嚴重，且容易出現傷災、車禍、火傷、燙傷的嚴重血光，有危及生命的危險。行運逢此也主有災禍產生。

廉破和地劫或天空同宮，為修道之命格。萬事成空，破耗也成空，有宗教信仰、入佛道為吉。主貧困，六親無靠。

廉破與化星同宮時，是以破軍的惡勢力比較強，若再有破軍化權時，爭鬥性強，且有堅持破壞、好戰之主控權。寧為玉碎，不為瓦全，且奮鬥到底，是強勢蠻幹的意義。有廉貞化祿時，思想上有一點圓滑的跡象，人緣稍好，財祿也會有一點，但依舊破耗多於所賺的財。有破軍化祿時，只是能賺到可供破耗的小財，但虧空會愈變愈大。有廉貞化忌時，表示有爭鬥、血光上的是非災禍，容易有官非坐牢等事件。在人緣上也有不順，不和的情形，愈惹人討厭，更惹是非嫌惡。

第六章　星曜群組之間的互動影響力

在研究紫微斗數中星曜存在於十二個命盤中的相關問題的時候，也許有些讀者沒有發現，也許已發現到了，那就是星曜有各自的群組關係。

譬如說紫微星，它會和殺、破、狼同宮，也會和天府、天相同宮，單星獨坐時，對宮就是貪狼星。這表示在紫微星的群組關係中，殺、破、狼和府、相就是它的同一群組的星曜。

同時在紫微星出現在每一個命盤格式中的三合宮位裡，就會有武相、廉府、武殺、廉貪、武曲、廉相、武破、廉殺、武府、廉貞、武貪、廉破這些星在三合宮位中照守。三合宮位是吉度的位置，照守時是對紫微星有利的。由此可見紫微星的組群關係中還包括了廉貞、武曲，合起來一共是八個星的星曜組群。

紫微星從來不會和天機、天同、天梁、巨門、太陰、太陽等同宮，這是因為這些星有些是屬於南斗星系，並且從我們地球上的角度來觀星時，它們是無法同在一個角度上出現為其原因。紫微星甚至不合和上述星曜在四方三合地帶相照守。因為這些星是離紫微星很遠的。

天機星會和天同、太陰、天梁、巨門，在對宮或同宮，或三合四方等宮位相遇或相照守，所以他們是同一組群的星曜。這也形成了『機月同梁』格的格局。實際上『機月同梁』就是太陰系統的星組。

太陽星在同宮、對宮和三合四方宮位遇到的是太陰、天梁、巨門，因此這三顆星是和太陽形成群組關係的。但是太陰、天梁、巨門也是『機月同梁』格的成員。太陽本身也形成『陽梁昌祿』格。是故『陽梁昌祿』格也會建立在『機月同梁』的架構之下。而有『陽梁昌祿』格的人，也會做公務員和以薪水為固定收入的職業。格局較高，可為高官貴冑。而『機月同梁』格的人卻並一定能成為具有『陽梁昌祿』格的人。因為還差兩個條件，那就是要有文昌星和祿星必須與太陽、天梁形成三合、四方的位置。

另外，我們再看殺、破、狼這組三合相照的星組。這一組星曜是一組鐵三角的姿態展現的。它無論在十二個命盤格式中都是如此在三合宮位相連結的。雖然與他們同宮的星曜會有所不同，但也離不開武曲、紫微、廉貞等三個星曜。這些星曜全部都是強勢、強悍的星曜，絕不會有溫和的、弱質的星曜來加入。而殺破狼的對宮，就會出現天府、天相、紫微、武曲、廉貞等星曜。所以我們真正用心來看就知道殺、破、狼等星實際就是紫微星組群中的成員。

三大星曜組群主宰了人的命運

態勢很明顯的顯露出來了。紫微星盤上的星曜，實際上就是三大星曜組群。那就是紫微星系組群和太陽星系組群和太陰星系組群。

實際上這三大組群是由紫微星系組群和太陽星系組群先在四方照守的位置相連結，而太陰星系組群再和太陽星系組群再在三合四方、對宮等位置相互連結而形成的連結網。因此星曜間的互動關係也形成了一個連結網了。

雖然如此，但是我們還是可以明顯的發現到紫微星曜組群坐命的人，會和太陽星系組群或太陰星系組群坐命的人有明顯的不同。紫微星系組群坐命的人，在性格上比較強悍，奮鬥力十足、競爭力特強。而太陽星系組群的星曜和太陰星系組群的星曜，相形之下就溫和得多、奮鬥加和競爭力就弱很多，只有巨門星還可稱之競爭力強的星曜。

三組不同的星曜組群，用它們各自運動的軌跡，相互交叉運動出現在每個人的命盤之中，也造就了千千萬萬個不同的人生脈動，和人生的命運歷程。

第七章　星曜間沖照、三合、四方所形成的相合的影響力

第一節　星曜間沖照的影響力

在十二個命盤格式裡，我們常可發現，一個宮位的星曜的吉星時，對宮肯定有一個煞星存在。這個宮位是一個凶星時，它的對宮又肯定有一個溫和的星曜或是空宮存在。在兩相對照之下，就形成一強必對一弱的姿態，或是一弱必對一強的姿態。同時也形成一吉必對一凶的情況和一凶必有一吉相照的狀況。

兩個宮位相互在一百八十度的角度位置，稱為在對宮、對照、相沖、相

照。通常是有煞星、凶星相互在對宮相照，或是吉星、福星、運星逢到煞星在對宮相照刑剋時，稱做相沖，亦稱沖照。普通一般的情況，都稱做對照、相照。

在觀察檢視十二個命盤格式時，讀者們一定也會發現一個有趣的現象。那就是天府星的對宮一定有七殺星，而天相星的對宮一定有破軍星。也就是說天府星一定有七殺星來沖照的。

府、相雙星的相照組群

天相星也一定有破軍星來沖照的。很多人一定會以為天府星是財庫星會被七殺所刑剋了，天相星是勤勞的福星會被破軍星所刑剋了。其實不然，天府和七殺、天相和破軍是互為表裡的關係。沒有七殺的苦幹打拼，埋頭努力賺錢，是成就不了天府這顆集財入庫的財庫星的。沒有破軍星的除舊佈新、破壞改革，也成就不了天相整理重建的功業的。

在我們日常生活中也常常可以發現到七殺坐命的人，常常會結交到天府坐命的朋友和尋找到天府坐命的配偶。而破軍坐命者也常找到天相坐命者做朋友和配偶。天府坐命者也會找七殺坐命者來做朋友和配偶。天相坐命者也常嫁娶破軍坐命者做配偶，或結交成好友。這麼樣一個互動的關係實際上就是磁場相合的關係。天府星和七殺星，可相互成為遷移宮，也就是說七殺是天府的遷移宮，天府也是七殺星的遷移宮，天相是破軍的遷移宮，而破軍也會是天相的遷移宮。如此一看，七殺是天府的外在環境，天府也是七殺星的外在環境。外在環境中的人是性格、思想、外貌、體型、行為模式、生長形態，就自然為這個人所熟悉而接受的。就像胎兒在母親的腹中孕育時，常聽見傳自腹腔母親的聲調言語，因此一出生，雖眼睛未張開，便能循著熟悉的聲音尋找母親的身影方向一般。這是一種自然、天然形成的吸引力。是怎麼樣也化解不開的濃厚意識力。因此七殺談不上會刑剋天府星，破軍也談不上會刑剋天相福星。

在論命時，我也常發現到天府坐命者的好朋友，常常都是具七殺特質的人。實際他們對金錢、人生的價值觀相同，磁場頻率相同，七殺很打拚，但是速度感是不快不慢的節奏，是按部就班型的人。而天府坐命的人，也是一板一眼，很自動自發、很負責任、凡事能有規則化的整理、執行的人，這兩種人在心靈上很企合。自然會相互被吸引到同一道路上成為好友、佳侶。

命宮中有破軍星的人，和命宮中有天相星的人，其實他們的價值觀也是很接近的。兩種人都愛花錢，天相坐命者小氣一點，但是他會認同破軍坐命者的言行舉止，縱使知道破軍坐命者有很多缺點，例如破耗多、好懷疑、做事衝動、先破後成、講話不實在、做事也不一定確實，但是天相坐命者會幫助破軍坐命者來收拾殘局，打理一切後續整理、修復的工作。並且也一再的容忍他們重複的破耗行為。這是為什麼？這就是他們的性格相合，價值觀也相同的原因。

所以天府坐命的人，一定要找到七殺坐命的人做朋友、做配偶。而七殺坐命的人也一定要找到天府坐命的人做朋友和做配偶才會有真正的幸福。而破軍坐命者要找到天相坐命者做朋友或配偶，天相坐命者要找到破軍坐命者做朋友或配偶，人生才會有樂趣。

但是命宮是天府坐命的人，夫妻宮都有一顆破軍星，這表示天府坐命者都有一點搞不清楚自己心裡在想什麼？什麼才是對自己有利的？也表示命宮有天府坐命者常常被外型表現聰明或有錢的人所騙，所託非人，以致於婚姻運有問題。

而命宮中有破軍坐命的人和命宮中有天相星的人，也是一樣，他們都愛錢，不太注重自己精神上所需要的東西，所以也常找不對人。

命宮中有破軍星的人是夫妻宮會是武曲或廉貞或紫微，或者是空宮，有武破、武貪、紫貪來相照。這表示他們喜歡的是外表美麗、高貴、權勢和金錢，所以他們去追求這些人和東西，但這些所追求的東西並不真正對他們有利。所以命宮中有破軍星的人想要有真正的幸福，最好就是找到命宮中有天相星的人來做朋友和伴侶，才能真正達到的。

貪狼星的對宮會出現紫微、武曲、廉貞這三顆星。貪狼雙星同宮出現時，例如紫貪、廉貪、武貪，它們的對宮都是空宮。這表示貪狼星是好運星，它有強勢的選擇權，它一定會選擇和有權（紫微星）、有錢（武曲星）、有能力（廉貞）的星曜來相互對照，互為表裡的。所以我們也可在貪狼坐命者的人生歷程中發現到，貪狼單星坐命的人，多半出生在地位高的家庭或富有多金的家庭，亦或是爭鬥性強的家庭之中。而他們所結交的朋友類型，亦或是將來結婚的對象，亦不脫出這三種環境的人。

紫貪、武貪、廉貪等坐命的人就較不一樣了，他們的對宮（遷移宮）是空宮，代表一片空茫，也就是不確定的環境，因此他們在找尋朋友和配偶時會比較恍惚，沒有一定的原則。

太陽星的相照組群

在所有命盤格式中，太陽星的對宮通常會出現太陰、天梁、巨門這些星，要不然太陽就會和這三顆星同宮。這表示太陽和這三顆星是關係密切的。

月亮的光是得自於太陽的反射，自然太陰和太陽相互對照是沒有問題的，陰和陽是兩種不同的勢力，也是兩種相互吸引的力量，就像電極中的陰極和陽極相互吸引而可產生雷電火花一般。所以我們常可看到性格非常陽剛的人，他的周圍一定有極其陰柔美麗的朋友、情人或配偶。這就是致命的吸引力所導致的狀況。

太陽和天梁相對照，天梁是蔭星、貴人星，其實也屬於陰星的一種，貴人是暗中幫忙或暗中出現的人，也會突然出現，並不是極度張揚公開的，要不然就不一定幫得上忙了。所以太陽和天梁相對照也是屬於陰陽相吸的原理。

太陽和巨門相對照，巨門是暗曜，也屬陰，這也是陰陽相吸的一種。太陽以其陽剛之氣，強勢的吸引這些極陰的星曜，照耀它們，使其增熱發光，而成為有用之星。

太陰星的相照組群

太陰星就是月亮，是非常陰柔的星曜，除了太陽能使它明亮之外，它是非常怕凶煞來刑剋的。它喜歡和聰明又溫和的星曜在一起，所以它的對宮會出現天機、天同或空宮。太陰雙星出現時，對宮就會是空宮，例如機陰、同陰、日月的對宮就是空宮。而單星出現時，對宮就是太陽、天機或天同。而這三顆星都是對太陰本身有利的星。

天機星的相照組群

天機星是善曜，與它相照的星有太陰星、巨門星、天梁星。天機星雙星同宮時，也是和太陰、巨門、天梁相合為一的，如機陰、機巨、機梁。而雙星同宮時，對宮便會是空宮。天機星也有文弱的一面，也是受不了刑剋的。天機和巨門相照時，巨門雖是暗曜，但雙星都在居廟旺的位置相照，因此天機是可以將巨門星導善、得用，但仍免不了是非口舌。天機和天梁相照時，天機的活動力會受到天梁的穩定來制衡，一同朝向聰明、才智方面來發展，也朝向善念方面來發展。天機和太陰相照時，是偏向陰極的運氣的，因為天機的活動力不規則的關係，起伏變化是很快速的。

福星相照的組群

福星有天同和天相兩顆星。天相在前面講過了，它的對宮相照的星曜中一定有破軍星。表示天相是來為破軍收拾殘局的。天同星的對宮則會出現太陰、巨門和天梁。因此天同雙星同宮出現時，也會和太陰、巨門、天梁一起同宮出現。所以天同星和上述這些星的關係是很深的。天同星是最懼怕刑剋，它和巨門星相照時就受到陷落的暗曜刑剋沖照，因此非常不吉。天同和巨門同宮在丑、未宮也是同居陷落的位置，也同是受到刑剋所致了。

天同和太陰相對照時，太陰若居陷位，同樣對天同在財力和溫柔性質方面也受到刑剋，但狀況因為平和的表象而不明顯。財力不好卻是能看得見的。倘若太陰居旺、相照天同時，就能增加天同的福力、財力與溫和的運氣就非常能展現了。

天同和蔭星天梁的關係是互為表裡的。天同居廟、旺位時，蔭星就會陷落。蔭星居旺時，天同就會平陷。天同是自然的福力。天梁是外界幫助的力量。自然的福力旺的時候，就不需要外界的幫助力量了。自然的福力不足，才需要外界的幫助力量，這是一個定律。所以天同的外在環境就是蔭星貴人運的照顧環境。這也是福星天生有貴人救的福力所造就的命理程序。

正財星相照的組群

正財星指的就是武曲星，武曲單星獨坐時，相照的只有居廟位的貪狼星。這表示武曲的外在環境就是好運星貪狼。也就是說一定要有許多優質旺盛的好機會，才賺得到錢，得到財。倘若外面的機會不太好或空茫的，得財的機會很可能曇花一現，或根本得不到財的。所以武曲雙星同宮時，就會有下列的現象。例如武府同宮時，對宮是七殺，表示外面的環境是極需打拚的。武殺同宮時，財星已居平陷了，對宮是天府，表示外面的環境還不錯，但本身賺不到什麼錢，因為自家人劫財的關係。武貪同宮時，對宮是空宮，表示自己的好運和財運會如曇花一現一樣，在一個特定的時間點上暴發開來，衝上高峰，接下來便會走下坡了。武破同宮時，財星也居平陷，對宮是天相居得地之位，表示外在的環境很平和，但自己的財運被自家人所破耗，因此也沒有錢。

財星是最怕有殺、破、狼等強悍的星來刑剋的，當然更怕羊、陀、火、鈴等煞星來刑剋，總是傷財損祿，破耗而不聚財的。

廉貞囚星的相照組群

廉貞是囚星，屬陰，單星獨坐居廟時，對宮是居平的貪狼星，這表示廉貞的智謀多、善於策劃，這是檯面下的陰謀智慧，因為陰謀智慧多，相形之外，好運就少了很多，自然的福力不見了。當廉貞雙星出現時，廉貞都是居平居陷位的，只要陰謀的智慧少一點，便能得到福力和財祿了。因此會有廉相同宮、廉府同宮的狀況。但是廉貞居陷時，並不表示失去了陰謀的智慧，而是陰謀的智慧偏向邪道上去了。所以廉貪同宮，雙星是居陷的，好運也沒有了，運氣極低。廉貪同宮就具有惡質的影響力了。

廉相的對宮是破軍，廉府的對宮是七殺，廉貪的對宮是空宮，廉貞單星獨坐時、對宮是貪狼單星。由此可知廉貞實際是脫離不了殺、破、狼格局的。與它相照的星曜組群也正是殺、破、狼所組成的組群。

巨門暗曜的相照組群

巨門是暗曜，屬陰。它單星獨坐時會和太陽、天同、天機星來相照，太陽、天同、天機就代表它外在的環境。

當巨門的對宮是太陽星時，太陽有旺、陷之分。太陽居旺時，巨門的運氣就十分好了，是非星也會減少一點。當太陽落陷時，巨門暗曜的特質就十分明顯了，是非口舌就增多。倘若有祿星、權星和太陽、巨門在同度的角度上，也就是有巨門化祿、太陽化祿、巨門化權、太陽化權，亦或是有太陽、祿存同宮，巨門和祿存同宮的情形，是非口舌的災禍也會減輕。因為祿存有讓人孤獨自閉的特質，會限制巨門是非口舌上的發展之故。而化祿能滑潤巨門的爭鬥本質，因此有祿星同度，就會改變巨門的性向往好的方面發展了。

巨門和天同相照時，巨門是刑剋天同福星的。此時巨門在辰、戌宮落陷，成為刑剋的煞星很凶。而天同福星受到刑剋也居平無法展現福力了。

巨門和天機相照時，雙星都在廟旺之位。巨門刑剋天機的力量不足，天機本身為善宿，可以以聰明才智來化解巨門的惡質。但仍免不了口舌是非的煽動。

巨門會和太陽、天機、天同相照，也會和他們同宮並坐。但同宮時相照的宮位都是空宮，表示環境是空茫的。所以陽巨、同巨、機巨的對宮都是空宮，環境空茫，運氣不強的，需要靠自己的努力來決定方向，也需要靠自己來塑造自己的個性的。

天梁蔭星的相照組群

天梁星是蔭星、貴人星，它是陽中帶陰的星曜。與它相照的星曜有太陽、天機、天同。天梁也是溫和的星，怕被刑剋，但是它有自己獨樹一格的固執和強勢。通常它會和聰明、溫和的星在一起。

天梁和太陽相對照時，不論太陽是明亮居旺的，還是陷落無光的時候，天梁星都會居旺在廟地來和太陽的陽剛之氣來相呼應，這表示太陽所代表的運氣愈旺時，名聲和聲譽上的權威性愈高。太陽所代表的運氣陷落不佳時，貴人就會來相助，輔導他的聲譽上的權威地位。所以太陽和天梁是互為表裡的環境製造者。不論運氣好壞，都會製造出一個頗負聲譽、智慧、平和的環境出來。

天梁和天同相對照的時候，在前面天同星的部份已經說過了。天梁是後天的貴人幫忙的助力，天同是先天自然的福力，天同這個先天福力超旺居廟時，自然用不著貴人來扶助了，因此自然天梁是居陷的。當天同的自然福力不足，陷落失敗的時候，天梁這顆貴人星，蔭星就是發揮作用，救人於水火之中的時候了。因此天梁和天同是相互消長型態的相照著。

天梁和天機相照時，天機都呈陷落位置的。表示情況很糟，急待救援，因此貴人星就發揮作用來救難復建了。

天機是天梁的外在環境，居陷的天機星有愈變愈壞，幾近於無法收拾的環境。環境愈是壞，而天梁愈是有發揮的空間，也愈是有慈愛心。這也就是否極泰來，災厄困頓至谷底，自然有翻升的機會的意思。同時天機居陷，表示運氣在不聰明的環境下運動也產生不規則的變化，因此會產生災禍，而天梁這個蔭星就是能穩定制服天機陷落的主要的金箍咒了。

第二節　星曜間在三合宮位所形成的影響力

所謂的三合宮位在斗數命盤中，是以相隔三個宮位的宮位連成一線，合起來形成一個正三角形，每個宮位的角度呈六十度的吉度而呈現的。所以三合宮位的星曜彼此相照起來力量也是頗為巨大的。它僅次於對宮沖照的影響力，而強於四方宮位相照的影響力。

在三合宮位中最特殊、最強勢、最具波動起伏色彩，會帶給人命運中無限變化的，就是『殺、破、狼』格局了。事實上，殺、破、狼就是在三合宮位中最突顯的一組星曜了。每個人都逃不出它對命運的運作影響力。也逃不出不去利用它、

紫微在子

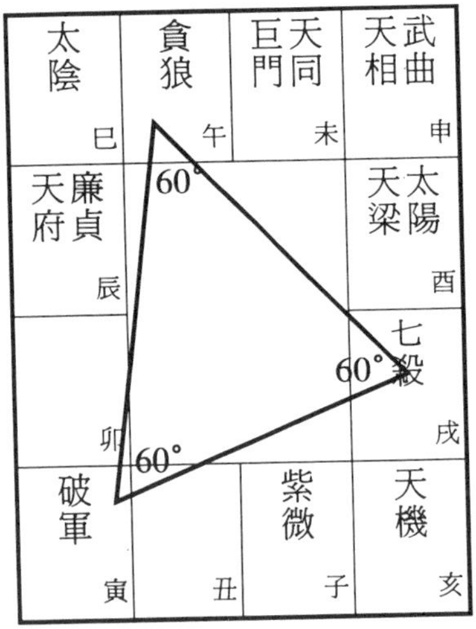

企望它帶給自己好運力量的情懷，所以我們一定要先弄清楚它在三合宮位到底有什麼好的魔法和壞的魔法，弄清楚以後，我們才好應用或躲避它。

『殺、破、狼』格局就是七殺、破軍、貪狼在每個命盤中隔三個宮位所形成的三足鼎立態式的格局。也就是七殺、破軍、貪狼在三合宮位中相互照守的格式。

在『紫微在子』、『紫微在寅』、『紫微在辰』、『紫微在午』、『紫微在申』、『紫微在戌』六個命盤格式中，殺、破、狼都是以單星獨坐宮位的形態在三合宮位中照守的。

而在『紫微在丑』、『紫微在卯』、『紫微在巳』、『紫微在未』、『紫微在酉』、『紫微在亥』六個命盤格式中，殺、破、狼是以雙星同宮的形態出現在三合宮位之中來相互照守的。因此在此部份的殺、破、狼會呈現更多的面貌，而且也會有大好大壞的運程，它就不會像殺、破、狼單星呈三合照守時那麼單純而運氣好了。

『殺、破、狼』單星三合照守時

在『紫微在子』和『紫微在午』兩個命盤格式中，七殺是居廟的，貪狼居旺、破軍在得地合格之位，表示三顆星都在旺位以上，奮鬥力和吉度都是很高的了。

在『紫微在寅』和『紫微在申』兩個命盤格式中，七殺、貪狼、破軍全是居廟位的，這表示這兩個命盤格式中的人奮鬥力最強，而且在命運轉折點也最有運氣，吉度最高。

在『紫微在辰』和『紫微在戌』兩個命盤格式中，七殺和破軍皆居旺，而貪狼是居平的，表示這兩個命盤格式中的人打拚能力、奮鬥力是很強的，但是好運能力只是平平、不算強的。

『殺、破、狼』雙星同宮三合照守時

在『紫微在丑』、『紫微在未』兩個命盤格式之中，殺、破、狼的形態呈現是：紫破、武殺、廉貪。破軍、七殺是居旺的，貪狼是居陷的。因此這個殺、破、狼是起伏不定的。好也不算太好，運氣低落時會至谷底。七殺又和武曲在一起，形成『因財被劫』。所以這一組『殺、破、狼』格局的吉度是很低的。

在『紫微在卯』、『紫微在酉』兩個命盤格式中，殺、破、狼呈現的形態是紫貪、武破、廉殺。只有七殺居廟，破軍和貪狼都居平。居平的貪狼雖然和紫微在一起同宮，只能保住平和、祥順，運氣都是不高的。居平的破軍和居平的武曲同宮，是『因財被劫』的格式，不但沒財、破耗更凶，是不吉的運氣。七殺雖居廟但和居平的廉貞同宮，廉貞、七殺都屬煞星，廉貞居平時，代表凶性較重、智謀不足，是一種蠻幹又凶的狀況。因此這一組的『殺、破、狼』格局整個說起來吉度是最低的。

在『紫微在巳』、『紫微在亥』命盤格式中，殺、破、狼呈現的形態是紫殺、武貪、廉破。此時七殺居平、貪狼居廟、破軍居陷。居平的七殺是和居旺的紫微星同宮，由紫微星來安撫這顆幾近落陷的殺星，是可以穩得住的，使它朝向打拚的方向，而其他的吉度就損失掉了。

武貪同宮時是最吉最旺的運氣，貪狼好運星居廟最旺。武曲財星也居廟最旺，一起同宮產生火花發展出暴發運、偏財運，這是極旺的旺運了。

廉破同宮時，破軍居陷，廉貞也居平，沒有智力、謀略，只是一味的破耗，這是又笨又蠢的運氣了，吉度真低。

因此，專就這一組殺、破、狼格局來說，就是大好和大壞之分。

殺、破、狼在人生過程裡所代表的意義

殺、破、狼在人生的歷程裡，是以十二年為一輪，也就是以十二個地支年為一輪。在這一輪中每隔三年便行一個殺、破、狼的運程，可由命盤格式中看出自己專屬的命盤格式，殺、破、狼所在的宮位，自然殺、破、狼的流年運程也就一清二楚了。

七殺星

凡人行經七殺的運程時，就是打拚奮鬥的運程。七殺單星獨坐時，都在

旺位以上，只有和紫微同宮時，七殺才居平。表示因為有了紫微帝座同宮並坐，自以為高貴，而不想打拚了。武殺同宮時，七殺居旺，武曲居平，為錢而奔波。

廉殺運

廉殺同宮時，七殺居廟、廉貞居平，蠻幹用血汗勞力來打開一條血路，奮鬥力特強，智能不足，也很容易失敗。並且廉殺更怕碰到羊陀、火鈴同宮或在對宮相照，肯定會有血光傷災的災禍。廉殺也是煞星，再和四煞在同度（同宮或沖照），會形成凶暴、衝動、急躁、煩鬱、混亂的心智情況。自然思想是顧慮不周到的狀況，會出事也就不讓人驚訝了。

廉殺和擎羊同宮或在對宮相照會形成『廉殺羊』的格局。廉殺和陀羅同宮會形成『廉殺陀』的格局，這都代表遭金屬器具而致死的狀況。例如：車禍、刀器的砍殺傷害。『廉殺羊』和『廉殺陀』雖主死於外道，但在田宅宮出現時，主外來的侵入而遭傷害。女子有田宅宮是廉殺羊時，要小心子宮開刀和無法擁有房地產（保不住），也要小心外來惡徒侵入房舍，遭宵小殺害或造成血光傷害的問題。

一般講起來，『廉殺羊』最凶，常致人至死。『廉殺陀』有緩慢，延遲的關係，雖會導至血光，但情況沒有『廉殺羊』惡毒、嚴重。是情節稍輕一點的惡格。

不過『廉殺羊』和『廉殺陀』只有在相對照的宮位或同宮的宮位中是最凶的，在三合宮位中遇到或四方宮位中遇到，流年、流月中雖也有可能發生血光之事，但其殺傷力是比較弱的，除非三合宮位中或四方宮位中盡是羊、陀、火、鈴和殺破等星，才會在流年、流月中遇到而不吉了。

廉殺和火星、鈴星，代表的是有是非爭鬥和衝突，這是很嚴重的衝突，會產生血光災禍。廉殺和火、鈴也是在同宮或相照的情況下最凶。在三合宮位、四方宮位稍輕一點。除非三合宮位或四方宮位中再有巨門、擎羊、陀羅等星，就會更嚴重了。因為它的三合宮位中肯定會有破軍星，而且是武破同宮，所以在錢財的耗敗和血光的傷災就在所難免了。

武殺運

武殺同宮時，是怕碰到擎羊星，因為擎羊星此時也是陷落的。武殺所代表的意義是賺錢辛苦，為錢奔波、忙碌而賺的極少。再有擎羊來剋害，『武殺羊』的凶性是足夠嚇人了，會把賺錢的機會嚇走了，根本賺不到錢。擎羊是一根鋒利的針。『武殺羊』是真正『為財持刀』的格式。人在走到『武殺羊』的流年運或流月運時，常因所賺的錢拿不到，或是所賺的錢與自己的想法有差距，而與人有衝突。但最後依然是拿不到錢，自己吃虧的狀況。有時候因為衝動而殺人、傷人，但仍是拿不到錢。因此有這個『武殺羊』的運氣時，就要隱忍了，等到自己運氣好時，再去要錢。否則是對自己不利的。

紫殺運

紫殺同宮時的運氣在『紫微在巳』和『紫微在亥』兩個命盤格式中算是十分不錯的運氣，但若真要和別的命盤格式來比較，它就沒有七殺單星，出現在宮位中的命盤格式的人好了。七殺單星出現時，都是居廟、居旺的，是最具有奮鬥力和打拚能力。但七殺和紫微同宮時，七殺是居平位的，吉度非常低了，只有靠居旺位的紫微來同宮扶持。在這種情況下，紫微幫助七殺的是努力使其穩定、平和、祥順而已。所以整個人生的步調會變慢，因此在奮鬥力方面就略顯不足了。在傷災方面會減少，除了有陀羅或火、鈴同宮會製造傷災、血光、是非禍亂之外，一般沒有煞星沖照時，紫殺的運氣也只是祥和、緩慢、穩重而已。

破軍運

破軍星在人的人生運程中，也極具打拚奮鬥的色彩。破軍有一些特性，它和七殺非常的不一樣。破軍具有懷疑、狡滑、多變、凶猛、強力要掠奪，得不到便與石俱焚搞破壞，讓大家都得不到。寧可破壞，置之死地而後生，反正別人會去重建。破軍就是一顆不計後果，不畏險途，而欲達目的，不擇手段去作戰的星。每個人在走破軍運程時，都會思想層次在道德觀方面是寬鬆的，有遊走道德法律邊緣地帶的行為及思想模式。此時能容忍別人不合規範的行為，有時候還心嚮往之，偶而也小試身手。每個人在走破軍運時，能說平常不敢說的話，敢做平常不敢做的事。行為、思想和外在的表現顯露出大膽、粗俗、豪放、不受拘束，排除禮教的束縛。穿著也是異於常態，大膽奇特，突兀、邋里邋遢，或破破爛爛作嬉皮裝束。你一看到某人突然之間穿著、言行異於常態、講話大膽、穿著突兀，便知道他走在破軍運了。此時你便要小心他是具有強烈的攻擊性和掠奪性的。不要和他發生利益上的衝突，也不要和他一起競爭某一件物品和事物，否則你們的友誼是會受到傷害的。而且倘若你正在走溫柔的運程或弱運，你就一定是個失敗者。倘若你正在走天相運程，你就會即早做出禮讓他的動作表示。因為人在走天相運時，便會具有天相的特質，善於協調，知道進退的時機。不會和人強爭死拚。而天相是破軍星的崇拜者，非常欣賞破軍的奮鬥精神和狡黠的聰明度，以及凡事蠻不在乎的大膽精神。所以天相是破軍天生的好搭檔。天相是福星，有軟弱的一面，他們也自知沒有破軍的衝勁和奮鬥力，就寧願以欣賞的角度來支持破軍星了。

破軍星在單星出現在宮位中時，都在旺度以上的位置，算是打拚力道很強的了。破軍雙星出現在宮位時，則有強有弱，例如紫破同宮時，破軍在旺位，紫微在廟位，就是非常強勢的命格和運程了。但是武破同宮和廉破同宮時，就不一樣了。武破同宮時，破軍居平，武曲也居平，表示在錢財少的環境中打拚、奮鬥和掠奪，當然是得不到什麼錢財利益的，並且還白花了力氣，多了破耗。廉破同宮是廉貞居平，破軍居陷，表示在破爛的環境、智能不足的環境中打拚，也是得不到錢財利益的，徒勞而無功，所付出的勞力就是破耗了。

紫破運

每個在走紫破運程時的人，在紫破運程中，會有氣勢磅礡講話大氣，做事大手筆，好大喜功。小事、小生意不愛做，喜歡結交名流，思想、意念澎脹，喜歡打拚，但自以為高尚，有看不清事實的現象。也會為了一個遙遠的目標或幻想而投入心血和金錢，但最終時，破耗是大於自己實得利益的，也許根本目標和幻想破滅無疾而終。

當人在走紫破運時，人的表相是人形光彩，氣勢如虹，運氣還十分旺的，因此看不見已伏下破耗的影子。紫破運時，人也同樣有多疑，善於計謀，喜於掠奪，善於打拚，衝勁十足的情況。但因為有紫微星的關係，他們仍會注重形象而不致於太難看。而且運氣好，想要得到的大多數也會成功的得到。只是此時他們會更意氣風發，想要得到更多、更大、更具利益的東西。因為每個運程有一定的時效性，等過了這個時間上的『運點』，要進入下一個運程時，就不會那麼順利了。但是此人心態上一時還收不回來。自然會留下一個破耗的尾巴了。所以綜合歸納紫破運程的吉凶結果，破耗還是免不了的。

和紫破運形成三合宮位的是廉貪運和武殺運，這個『殺、破、狼』格局整個講起來。是苦幹、實幹，錢財運氣都不十分好的『殺破狼』格局。代表苦幹、打拚、掠奪的七殺、破軍都在旺位。代表錢財的武曲星在平陷之位，代表智力謀略和好運機會的廉貪都在陷位。所以這個『殺破狼』格局是苦幹有餘，成果不佳的。紫破運之後的第四年走到廉貪運，這是萬事皆休，運氣至谷底的運氣。廉貪運之後的第四年走到武殺運，運氣稍有翻升。但是仍需用血汗打拚，在錢財方面的利益是極少的。武殺運後的第四年走到紫破運，運氣升高了，打拚的衝動同時也帶來地位和生活平和的提升，但是是花盡了很大的代價的。因此這個『殺破狼』格局是十分辛苦，又見財不多，最多是能把錢財弄得平順一點罷了的運程。

武破運

當人在走武破運程時，最重要的就是『窮』字，金錢上的困難，造成心理上的困難，因此也會有小氣吝嗇，有心窮、志也窮的狀況。人在武破運裡很想賺錢，又賺不到錢，處處節省，翻箱倒籠也找出一點錢財。對人的言語刻薄，只要有一點賺錢的路子，他便會趨之若鶩，不加思索。而往往這些賺錢的路子都是陷井，會讓他遭到更多、更大的破耗和吃虧上當。所以武破運是不吉的。

武破運的三合宮位中就是紫貪、廉殺，這個『殺破狼』的格局，整個講起就是有瑕疵的，代表官貴與運氣的紫貪，只是表達了普通看起來像是有那麼一點好運氣，但運氣的強度並不高。而代表財運的武破，又居平陷之位，錢財是不夠順利的了。代表打拚能力的廉殺，又在於蠻幹苦拚的階段。因此這個『殺破狼』的運氣是不算好的。

廉破運

當人命格中有廉破運時，運氣是極壞的，沒有好的智慧籌謀的能力，一打拚便破耗，事情也不會成功。而且是愈打拚、愈蠻幹破耗愈大。它和廉殺不一樣，廉殺也是苦幹、蠻幹，沒有智力做後盾，但是長久血汗的累積，仍可稍為擁有一點因辛苦奮鬥而來的財利，廉破是苦幹、蠻幹之後連財利、好處絲毫得不到的，因廉破代表大膽的破耗，不計後果的破耗，完全沒有規劃，完全不經思慮的橫衝直撞，其結果當然是落入最下層的谷底之下了。

人在走廉破運時，思想是愚笨的，連最簡單、最常做事情也會出錯。但是他們在內心深處有一種衝動在鼓動著，那就是破軍星好戰的本性在趨使著，人想停也停不了，一直想動，想衝出去，想做些什麼事。但是只要計劃去做，這些計劃就一定有瑕疵和有缺點，也一定有設想不周到的地方。這是時間上所造成人在精神上有困厄的地方，因此凡事挫敗。

廉破運只有對凡事不計較利益，不計較成敗，不計較成果得失時，什麼都不計較了，而只一心想把事情揭發，把先前美好的景象破壞，或是把假象拆穿時，能不顧及個人利益和公眾的利益時，它是可以達成破壞的作用的。但是這種破壞是牽連甚廣的，有時更會傷害到自己或累及自己利益的。所以廉破運根本就是損人不利己的運程。

和廉破運形成三合宮位的是紫殺、武貪、廉破。這個『殺、破、狼』格局，整個講起來是大好大壞的格局。而紫殺在這個『殺破狼』格局中所扮演的角色是極力穩定和平和的作用。並且因為七殺居平的關係，打拚能力變弱了，動態精神被紫微星所壓抑，因此失去了原有的奮鬥向上的苦幹型的意志。

武貪運

武貪在這裡『殺、破、狼』之中所扮演的是大好、暴漲的運氣，在『武貪』這個運氣的時間點上，運氣會突然往上升，像氣球一般升至天空最高處，而到空氣稀薄的地方又慢慢落下來，最後終至於氣消而暴落。武貪的運氣就是一個暴發格或偏財運格的運氣，全集中於一個暴發點之上，這就是運氣所代表的氣球升上天空的最高處（也許是一萬公尺、二萬公尺的高度），達到一個頂點，氣球就會下落，人的運氣也會下落，這個現象我們稱之為『暴起暴落』。暴起暴落的時間，通常在暴發運爆發之後兩、三個月、或至兩、三年。當運氣運行到卯、酉宮，逢到天相陷落運（對宮為廉破相照）時，就已經暴落至谷底了。所以武貪運在丑、未年暴發，在卯、酉年所得之利益錢財也就差不多用完了。

武貪運過後的第四年是紫殺運，紫殺運過後的第四年是廉破運。廉破運過後的第四年是武貪運，這樣的一個循環，實則就是在大壞之後，否極泰來而大好，大好之後又慢慢消融而漸至大壞，就這麼周而復始的運行著。

殺、破、狼單星存在於三合宮位中是比較好的。至少會有兩個星以上是居旺的，三合照守之下，運勢就會比雙星同宮再三合照守的命裡格式強。

『殺、破、狼』格局會造成人類在一生運程中的起伏變化，這個變化是每隔四年就會發生一次的。殺、破、狼全部都在旺位時，這些具有變化的年份就會愈變愈好，既使是破軍年的運程所帶有破耗的因素，也全因具有旺度，而吉度稍強，對人有利的好因素增多，破耗會少一點。

各個命盤格式中『殺破狼』格局之比較

在命格中具有『殺破狼』最高層次格局的，就屬『紫微在寅』和『紫微在申』兩個命盤格式了。殺、破、狼在三合相照的宮位中全是居廟位的。代表奮鬥力和打拚能力、競爭能力是最強的。同時機會好運也是最強的。因此這兩個命盤格式的人，在人生逢到變化時，是時時改進，努力登高，不容易往下墜的情形。而且貪狼運伴隨著『武貪格』暴發運，更是使運氣一飛沖天，到達最高層，因此這個『殺破狼』格局會是所有『殺破狼』格局中層次最高的，又能把人的機緣命運改革推進，成為更上層樓的殺破狼格局了。

『紫微在子』和『紫微在午』兩個命盤格式的『殺破狼』格局是第二名的格局。因為在這兩個命盤格式之中，七殺是居廟位的，貪狼居旺，破軍在得地之位。這表示屬於這兩個命盤格式的人，在埋頭苦幹的打拚精神和運氣機會都是不錯的，但在打拚掠奪的方式上和爭鬥的技術上是略嫌不足、不佳的型式，因此是耗稍多的。所以他們在逢到七殺運能埋頭苦幹，不怕辛苦，在逢到貪狼運時，好運連連，但逢到破軍時，爭戰的力量和技術就略嫌不足，而破耗多了一點。

『紫微在辰』和『紫微在戌』命盤格式的『殺破狼』格局是第三名了。因為七殺和破軍都在旺位，而貪狼是居平的。這表示旺運機會太少了，幾近於無。而只能靠打拚和爭鬥來代替機會。這就是十分辛苦了，打拚要流血、流汗、消耗資源，因此不算是最吉的了。

至於其他的命盤格式的『殺破狼』格局排行榜如下：

『紫微在丑』和『紫微在未』兩個盤格式中，紫破、武殺、廉貞。有七殺和破軍兩個星居旺，貪狼居陷，此兩個命盤格式的『殺破狼』格局排第四名。

『紫微在卯』和『紫微在酉』兩個命盤格式中，只有七殺居廟、破軍和貪狼居平。此兩個命盤格式的『殺破狼』格局排第五名。

『紫微在巳』和『紫微在亥』兩個命盤格式中，有紫殺、廉破、武貪。只有貪狼居廟，而七殺居平，破軍居陷。而以此兩個命盤格式的『殺破狼』為排名第六名的格局。

第三節　府相關係在三合宮位中都形成吉度的助力

各位研究斗數的朋友們，你們一定發現到了，在斗數命盤中，天府和天相星一定是在三合宮位中相照守的。天府是財庫星、天相是福星，這兩顆星形成一個鐵三角的時候，一定是和錢財的平順和增多有關的。因此我們可以看到當天府星單星出現在命盤中時，天相也一定是單星出現在命盤中的三合宮位上的。而且另一個三合宮位中，一定是空宮。

當天府雙星並坐出現在命盤宮位中，天相也會是雙星並坐出現在宮位中，並且三合宮位中的另一個宮中，會是紫微、武曲、廉貞這些官星和財星、智謀之星。所以這樣的一個結合，自然可證明府、相這兩顆星的財福，是由權勢、財力和智慧所能達成的了。

第三個重點是：天府和天相這兩顆財星和福星是非常懼怕有煞星來刑剋騷擾，所以能與它們匹配的星曜就很少了，也只有官星和財星能與之匹配，例如紫微（官星）、廉貞（官星）、武曲（財星）等。倘若無法找到能匹配的，就只能以空宮靜守的姿態來三合照守了。

天府、天相以單星姿態來三合照守時，因為三合宮位中有一個宮位是空宮，再加上天府、天相本身所在位置的度有差異，因此這種格局通常是格局強度不強的，也就是府相在三合照守中能力不算好的命理格式。

反觀天府、天相以雙星姿態出現在三合宮位時，另一個三合宮位中也會有財星或官星的存在，而使得命理格局層次提高。因此天府、天相在三合宮位中，是以雙星並坐形式出現為較好的命理格局。

天府、天相單星出現在三合宮的格局

在『紫微在丑』、『紫微在未』、『紫微在卯』、『紫微在酉』、『紫微在巳』、『紫微在亥』六個命盤格式中，天府、天相是單星出現在三合宮位中的，並且有另一個三合宮位是空宮。

在上述六個命盤格式中，要以『紫微在卯』和『紫微在酉』兩個命盤格

紫微在卯

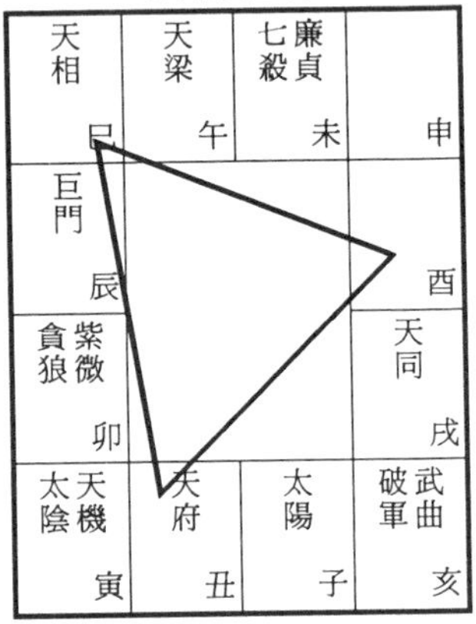

紫微在酉

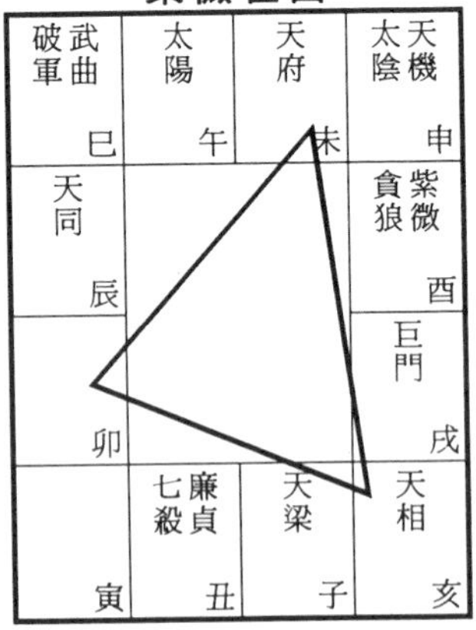

式為稍好的府相格局，因為在這兩個命盤格式之中，天府星是居廟位的，而天相星是居得地剛合格之位的。這表示在這兩個命盤格式的人，逢到財力是非常精明會計劃、爭取、及儲存的。但在享福方面則是剛合格的福力範圍。並且他們每隔四年逢天府運，則富裕。逢天相運則在勞碌之後而平順。逢空宮運則隨運氣的空茫而起伏了。

在『紫微在未』的命盤格式中，是天府居旺，天相居廟的，這表示這個所屬命盤中的人，享福的福力很強，財力的獲得與儲存也非常精明老到，是

紫微在丑

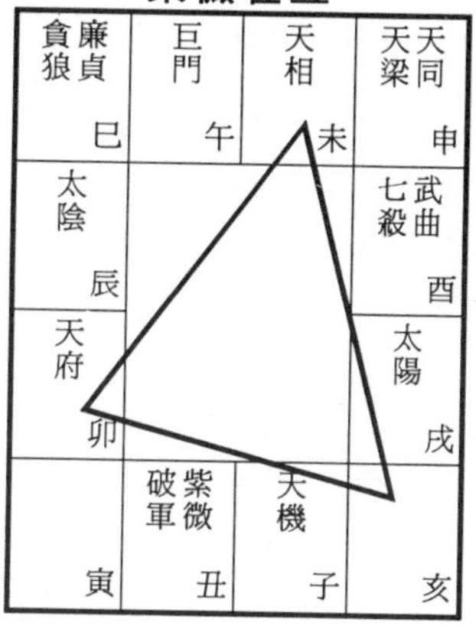

紫微在未

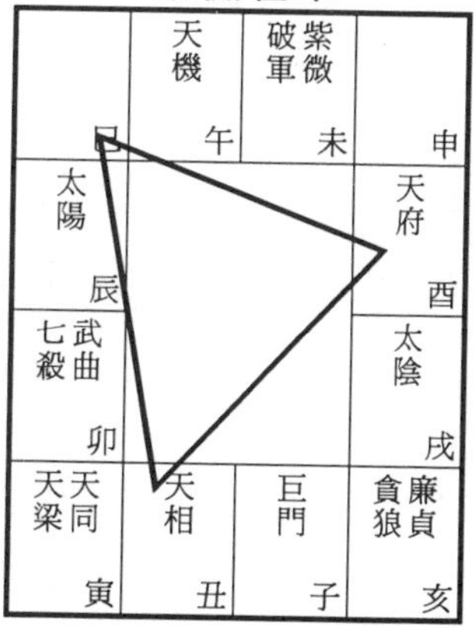

能夠有錢而享福的人。他們每隔四年逢天府運則富裕，逢到天相運，特別平順多福氣，逢到空宮弱運，則因空宮的對宮有落陷的廉貪的影響而運氣特差了。

在『紫微在丑』的命盤格式中，天府和天相皆居得地剛合格之位，另一個三合宮位是空宮，因此這個命盤格式的人，是以一生中平順和稍許的錢財在過活的人，談不上有太多的積蓄，能投資的範圍也很狹小了。

『紫微在巳』和『紫微在亥』兩個命盤格式中的天府星都在得地剛合格

紫微在巳

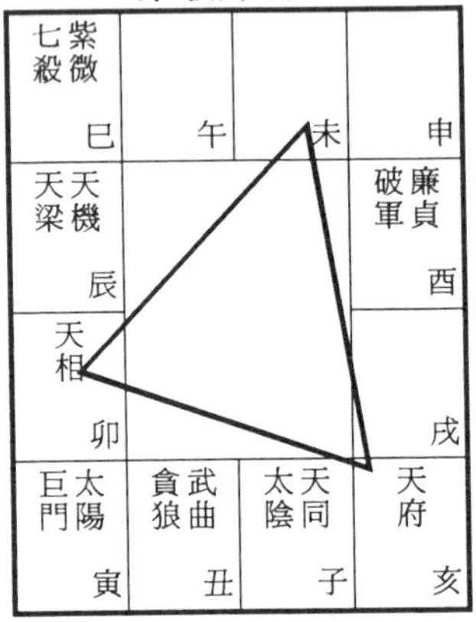

紫微在亥

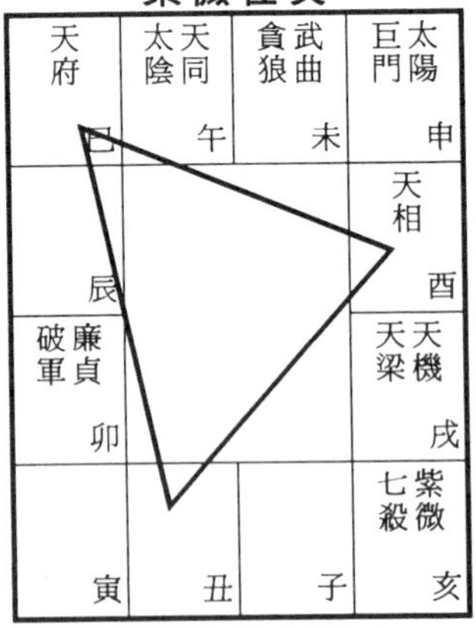

之位，而天相星居陷，這表示這兩命盤格式中的人是非常勞碌的，沒有福可享，同時在錢財上也只是普通小康格局的現象。而且一定有工作才能進財，沒有工作便無財的狀況。

府相、雙星出現在三合宮位

府、相雙星出現在三合宮位，格局最強的，當然是『紫微在寅』、『紫微在申』兩個命盤格局中的『府相三合』的力量了。這兩個命盤格式中，都是以紫府、廉相、武曲來形成一個鐵三角的關係，你看！財星、官星俱備。真可用有財有勢來形容這個三合關係了。

這其中，紫府代表的是頭等一流的財力。廉相代表的是稍為傻一點，但可享到最多、最大的福力。武曲代表的也是財富。所以這兩個命盤格式中的『府相三合』關係，就拔得頭籌、高居第一名了。

不過在這兩個命盤格式中還再要分出高下，就以『紫微在寅』為最佳的府相格式，因為『紫微在寅』命盤格中，天府星和天相星皆居廟位，三合宮位中五個星，只有廉貞居平而已，實屬最高層次的『府相三合』了。在『紫微在申』命盤格式中，天府星是居得地之位的，在財富上是略遜『紫微在寅』一籌的。

府相三合關係中第二個層次，應該屬於『紫微在子』和『紫微在午』兩個命盤格式的格局。這兩個命盤格式中是以廉府、武相、紫微來形成一個三合宮位的鐵三角關係。這其中天府和天相都是居廟位的，而武曲財星在得地之位，廉貞官星居平位。『紫微在子』命盤格式中的紫微官星居平，『紫微在午』命盤格中紫微官星居廟，所以『紫微在午』命盤格式的財富和福力是遠高過『紫微在子』命盤格式的。而這兩個『府相三合』所代表的財富意義是略居於次位的，主要是因為財星武曲只在得地之位的關係。而『紫微在午』命盤格式的『府相三合』關係是優於『紫微在子』命盤格式的。

『紫微在辰』和『紫微在戌』兩個命盤格式中『府相三合』的狀態是紫相、武府、廉貞。紫微、天相皆在得地剛合格之位。天府居廟、武曲居旺、廉貞居廟。這種『府相三合』的意義代表用智慧、勞碌、賺錢很多，但在享福方面是以平順、平和為主的。所以一切的吉祥盡在財富之中。但身體的勞碌是很繁重的，享受也就不太多了。所以這也算是第三個層次的『府相三合』關係了。總而言之，天府、天相在雙星同宮來三合的狀況下，總是比天府、天相單星逢三合的狀況好的。也富有的多，享福也多的局面。而且在人生的運程中每隔三、四年有這樣的好運程，也是讓人得到喘息的機會，能增加人生在祥和中享受生命樂趣的好時光了。

第四節　機月同梁在三合宮位中所形成的影響力

嚴格的說起來，每一個命盤格式都能找出『機月同梁』格的影子。但是有些『機月同梁』格中的四顆星的角度有些問題，會處在四方宮位，或有角度偏離的問題，或是折射、沖照、間隔兼而有之的情形。最好的『機月同梁格』當然是在三合宮位中的。因為三合照守是吉度的關係。而且『機月同梁』格中的四顆星，天機、太陰、天同、天梁都是溫和之星，最怕逢到煞星來相剋了。若是三合照守，則形成鐵三角的關係，彼此照應，相互支援，就會形成一股溫和而又力量的勢力了。這也就是『機月同梁』格仍能對人之命運有強烈影響力的地方。

真正在三合宮位中具有『機月同梁』格的人，有下列幾個命盤格式的人，例如『紫微在丑』、『紫微在未』、『紫微在卯』、『紫微在酉』、『紫微在巳』、『紫微在亥』等六個命盤格式。因此『機月同梁』格也是對此六個命盤格式的人影響最深，左右主宰他們一生運命最深切、繁要的格局。

在『紫微在丑』命盤格局中，我們可以看到『機月同梁』的三合宮位中，天機星是居廟的，太陰星是居陷的，天同居旺、天梁居陷。四顆星中有兩星居陷，同時它具有『日月反背』的格局，因此『紫微在丑』命盤格式中的人，會聰明機巧，用來享福的時間多，用來賺錢的智力和時間，以及打拚能力少。也不喜歡別人來管他，貴人就少，他們只要求平順的有個工作能糊口養家，養自己就好了，算不上是個有野心的人。

紫微在丑

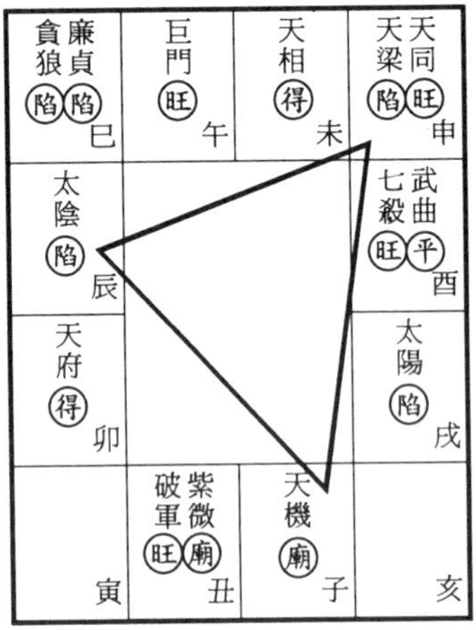

在『紫微在未』命盤格局中，我們可以看到天機居廟、太陰居旺、天同居平、天梁居廟。這個『機月同梁』格顯然比前面的格局好的多，因為代表

財祿、感情的太陰是居旺的，貴人星天梁也是居廟的，只有天同居平，享福少一點、打拚及奮鬥力就會強一點。因此這個『機月同梁』格是奮發有為，聰明且有貴人助而得財富的好格局。也是『機月同梁』格中第一等的好格局。

在『紫微在卯』命盤格式中，天機在得地之位、太陰居旺、天梁居廟、天同居平。這個『機月同梁』格中，只有普通的聰明智慧、財福與感情是旺盛多變化的。勞碌多一點，享福少一些，貴人運是極旺的，這是主貴的現象。它的打拚奮鬥能力也蠻強的。只是聰明才智似乎比前者弱一點。

紫微在未

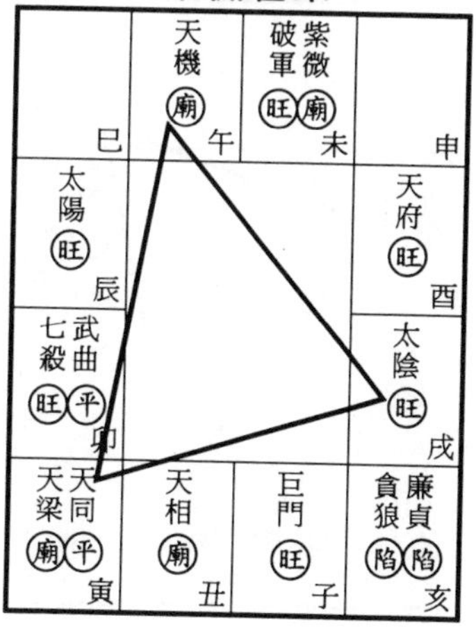

紫微在卯

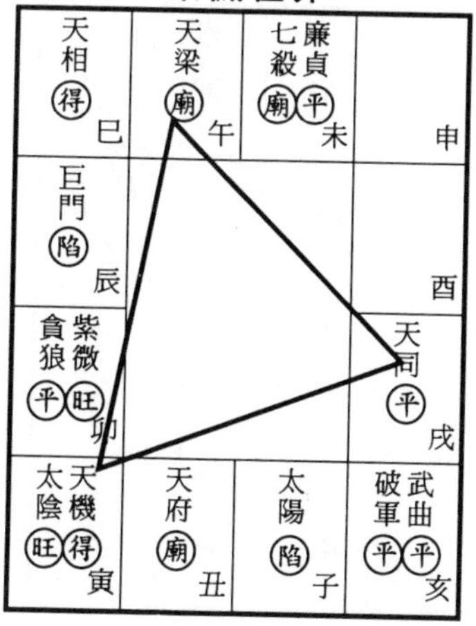

在『紫微在酉』命盤格式中，天機在得地之位、太陰居平、天同居平、天梁居廟位。在這個『機月同梁』格中，有著普通的聰明智慧，但缺乏財祿和感情的敏銳性及人緣。長輩貴人運仍是不錯的，是典型勞碌多一些，福祿少很多的狀況。它的奮鬥打拚能力是不足的。

在『紫微在巳』的命盤格式中，只有天機居平、天同居旺、太陰和天梁居廟。這種『機月同梁』全集中在三合宮位中二宮中，另一宮位是空宮，其中有三個星，太陰、天同、天梁是在廟位、旺位的，旺度很高，只有代表智慧和機變能力的天機居平。因此這個『機月同梁』格就會主宰

紫微在酉

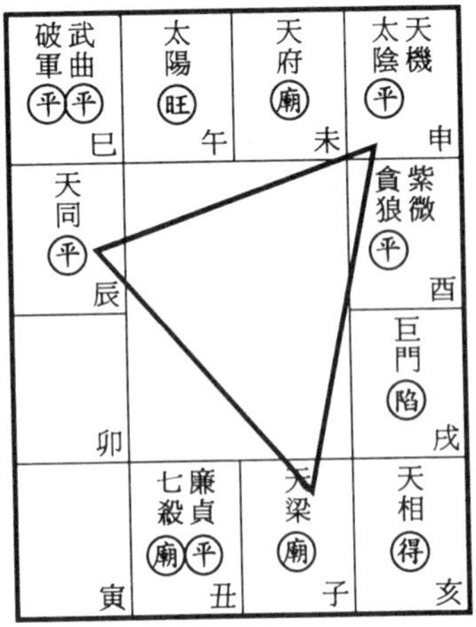

紫微在巳

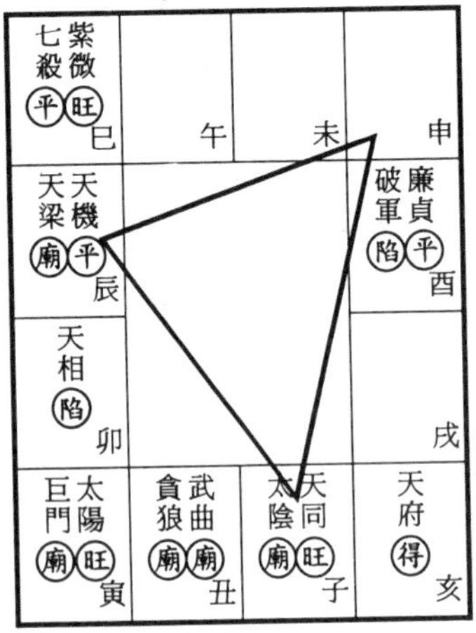

擁有『紫微在巳』命盤格式的人，雖然也是有以薪水階級做一個奮鬥打拼的基本型態，但在工作中有斷斷續續的情況，而所以產生斷斷續續的問題主要就是自做聰明、對人生的體驗及思想不夠成熟，並且奮鬥力也嚴重不足所造成的結果。他們的財運會因一半時間的奮發努力，一半時間的怠惰而時好時壞。通常他們在一個月之中只有半個月是努力的，另外半個月就是怠惰而玩弄小聰明的日子了。

在『紫微在亥』的命盤格式中，同樣也是機梁同宮、同陰同宮。『三合宮位』中另一個宮位是空宮。而這個『機月同梁』格中有天機、天同、太陰三個星居平陷之位，只有天梁是居廟的。這個『機月同梁』格比起『紫微在巳』的『機月同梁』格來說是更差了。這是聰明機巧都很差，又勞碌而無財。在人性的感情敏銳能力上

紫微在亥

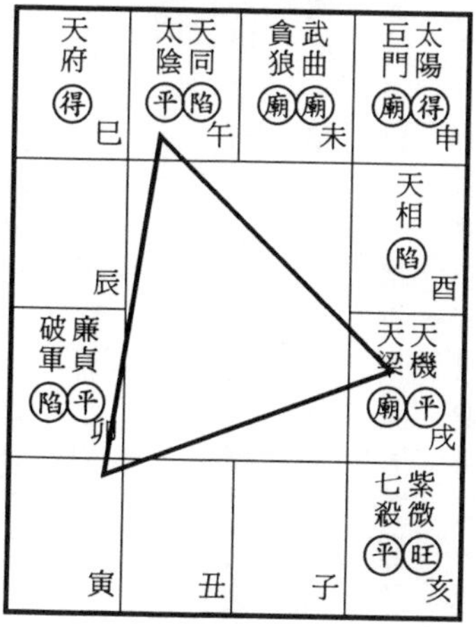

也很薄弱，人緣也很差。因此這個命盤格式的人，在一個月中會有超過半數，幾乎是三分之二的日子，是怠惰不夠努力奮發的。縱然有可拿薪水的工作，也是財少、做事不積極、奔波變化、成果很差的。

前述六個命盤格式，是具有完整的『機月同梁』格的。並且『機月同梁』呈三合照守在吉度的，算是不錯的『機月同梁』格了。『機月同梁』格會帶給這些人只要持續的努力，便能安全、安穩的進財。『機月同梁』格雖不能使人突然致富，但是慢慢儲蓄，生活在小康以上的環境是可以期待的。這就是『機月同梁』格在三合宮位相互照守時所產生的吉祥力量。

第五節 『陽梁昌祿』格在三合宮位的影響力

『陽梁昌祿』格，就是太陽、天梁、文昌、化祿或祿存（統稱祿星），四顆星形成良好位置的時候，所產生的格局。它會幫助人生層次的增高，也會使人聰明好學，具有極高的學歷基礎，更能使人位高權大，在事業的領域中登上高峰。凡是有『陽梁昌祿』格的人，都能在有文化、有知識的領域中生活及工作。這是古往今來的人類邁向文明最直接的推動力，也是社會中所有人士，聰明智力分出高下的指標。『陽梁昌祿』格在什麼狀況下會形成？四顆星又是如何形成良好位置的呢？

『陽梁昌祿』格的四顆星分佈的狀況有很多種，也有各式各樣的狀況，一、有四顆星在同宮的，例如同在卯宮或同在酉宮，同在酉宮的比較少見。二、有此四顆星在三合宮位，彼此相照的。三、有四顆星在四方宮位，彼此相照的。四、有二顆星彼此在對宮沖照，另有兩顆星在三合宮位再來沖照的。

五、更有沖照、折射、三合或四方兼而有之的。

《有關於『陽梁昌祿』格的組成型式，請看法雲居士所著的『好運隨你飆』及『好運跟你跑』二書》

『陽梁昌祿』格中組成格式最好的，就是文昌星必須在巳、酉、丑、三個宮位出現，並與太陽、天梁、祿星（化祿或祿存）形成三合，鼎立的姿態了。因為文昌代表聰明、智慧、精明度、計算能力、分析能力、邏輯感。而太陽代表好運。天梁是貴人運、官聲。化祿或祿存代表人緣關係和可以得財享用的承受度。

實際上『陽梁昌祿』格，不論四顆星同擠在一個宮位，如同在卯宮（馬英九先生的『陽梁昌祿』格便是如此），或是折射、沖照，三合兼而有之，又要能形成格局，四顆星相互牽連有情，都可算是具有『陽梁昌祿』格了。並且，四顆星的主星，若其中有居陷位的星曜也沒有關係，依然會具有『陽梁昌祿』格喜歡讀書的。只是太陽居陷時，代表運氣晦暗一點。天梁居陷時，貴人運少一點，升官機會少一點。文昌居陷時，聰明及計算能力，以及外表氣質差一點。化祿的主星居陷時，財少、人緣也少一點罷了。

不過就算是『陽梁昌祿』格中有多顆居陷的星曜，仍是不妨礙努力進取，朝向學識之途的道路的。考試時，只要逢到『陽梁昌祿』四顆星所主的流年、流月仍然會考中。只是成績不會特別好罷了。因此『陽梁昌祿』格實際上就是人在奮發過程中，最能督促人上進的力量了。

『陽梁昌祿』格能以折射、沖照等各種姿態出現，但最好的方式還是在三合宮位中相照守為佳。如此一來就可能有三個流年在『陽梁昌祿』格的籠罩之下，而利於謀取知識、上進力、考試和升官的好運氣了。當然若能在四方宮位中，四個宮位各具一星，是更好的，但是這種機會太少了，很可能會有某星方位不正而格局不全，倘若是祿星移出了，『陽梁昌祿』而沒有祿星，也不成格局。一生也是困苦的。因此『陽梁昌祿』以在三合宮位中最好。並且以文昌會居於巳、酉、丑三宮居廟為最佳格局。

具有三合宮位能形成『陽梁昌祿』格的命盤格式

十二個命盤格式幾乎都能形成『陽梁昌祿』格，只是格局形成的方式不同，也會有折射、反照等奇怪的現象出現。比較純正而有力的『陽梁昌祿』格，從命盤上可以一目瞭然的，就屬三合宮位的『陽梁昌祿』格最容易看出了。例如：

『紫微在辰』命盤格式中，日月在丑，天梁在巳，酉宮是空宮，倘若在巳、酉、丑三宮再進入文昌和祿星就可形成三合宮位的『陽梁昌祿』格了。這是比較強的『陽梁昌祿』格。我也曾看過有文昌、文曲同在未宮，巳宮有天梁化祿所形成的『陽梁昌祿』格，也同樣會具有高學歷和升官的機會，但是比較慢，要到四、五十歲才有成果，高學歷才拿得到。這也就是『陽梁昌祿』不夠純正的問題了。另一方面文昌在未宮是居平位的，『紫微在辰』命盤格式中的太陽、天梁皆居陷位，天梁化祿，祿星也居陷位，故而『陽梁昌祿』皆居陷位仍然可有高學歷，和一定的權位，但是時間上較慢，較辛苦。

紫微在辰

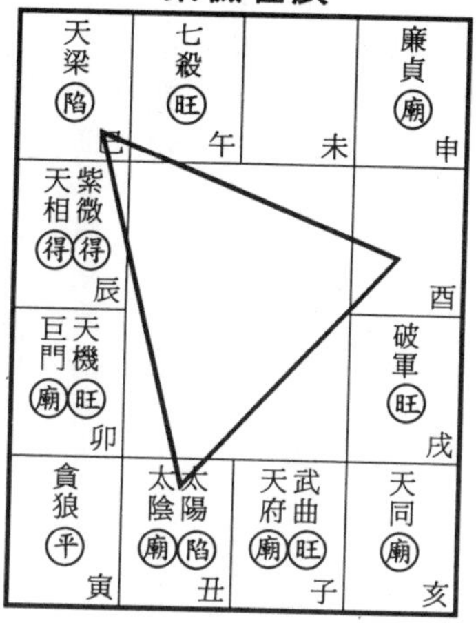

紫微在戌

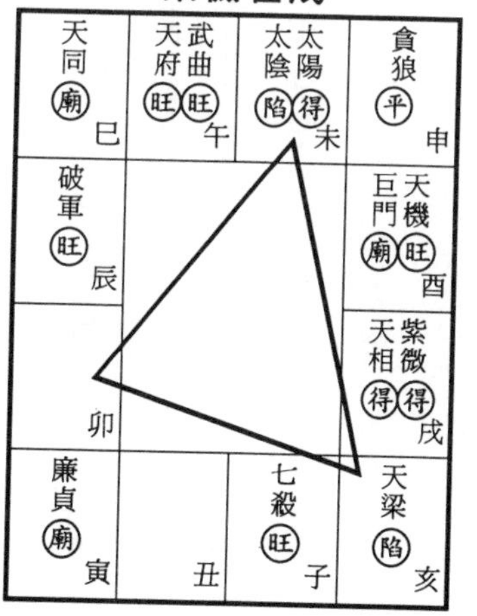

『紫微在戌』命盤格式中，日月在未，天梁在亥。卯、未、亥三宮可形成三合的『陽梁昌祿』格，在這個格局中，因太陽居得地之位，算得上是合格的旺位了，會比『紫微在辰』命盤格式中的『陽梁昌祿』格運氣好一點，官運好，但是錢財並不見得有他們多。而且文昌在若是在卯、未、亥三宮出現的話，都是居平位的，也會有讀書慢，學歷晚拿到，但升官會稍好一點。

『紫微在寅』命盤格式中，太陽在亥，天梁在未，若在卯、亥、未三合宮中有文昌、化祿或祿存進入時，就有完整的『陽梁昌祿』格。會有高學歷和高成就，但是要從事學術方面的研究工作而得財是辛苦的，做別的工作較好，因為一方面文昌在卯、亥、未三宮居平，學習能力和智商不夠高，高學歷得到的較慢，可能年紀很大了才得到。而且太陰、太陽都是陷落的，再加化祿，財也不多，若是有天梁化祿，天梁不主財，財也不多，若是有祿存出現會較好。因此從事學術工作會辛苦賺錢不多了。

曾有一位小姐在政府研究機構工作，她是七殺坐命申宮的人，其『陽梁昌祿』格就是這樣的格式，三合宮位中有太陰居陷化祿、文昌在未宮。她因為沒有碩士、博士的學歷，在研究所中一直當副手居陷。主管整天忙著應酬，等著升官，同事也竟自摸魚嬉笑混日子，只有她是兢兢業業的忙著做實驗，於是機構中的工作大多數都交給她來做。但是發表研究報告時，都是用主管的名字。於是主管的官愈做愈大，經費也愈來愈多。她依然只是個出苦力做

紫微在寅

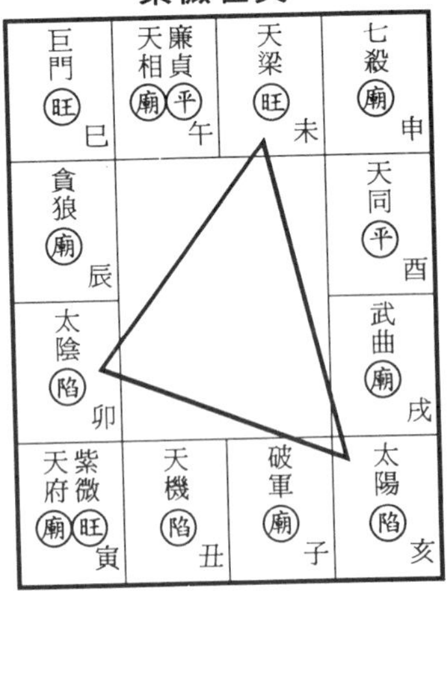

研究的小研究員。因此心理愈來愈不平衡，一直想跳槽。甚至想揭發這些人的弊端來洩憤。

這位小姐是七殺坐命申宮的人，天生有苦幹精神，而且個性剛直，競爭力很強。她的『陽梁昌祿』格裡的財星少一點（太陰陷落帶化祿），文昌也在居平的位置上，反應慢一點。她目前的問題實在是應該利用『陽梁昌祿』盡力取得碩士及博士學位，才能改善替人代工，做嫁衣裳的處境。雖然她的『陽梁昌祿』格中的財祿少一點，但不妨礙她上進參加考試、讀書的運氣。所以求取功名是勢在必行的理想。並且她要把自己的層級提高，說到她的『陽梁昌祿』格的財祿少，只是一個大概的概念問題。目前中央研究院的院長一個月的薪水是台幣四十六萬元。倘若可以賺到四十萬至四十五萬元，比院長的薪水略低，是不是還算少呢？所以概念問題是有伸縮性的。倘若是四十多萬月薪的財祿少，是不是會讓她心平氣和一點呢？

另一方面，這位七殺坐命的小姐，還移宮是紫府，代表一生中都擁有高地位、高收入的生活環境。可見她目前的收入已經比一般人高了，只是比同事和主管低而已。所以要擁有次於中央研究院院長等級略低的薪水，不是不可能的事，是需要打拚和再得到更高的學歷便可以了。況且此女的『陽梁昌祿』格中的天梁星是居旺的，天梁代表貴人運、名聲、升官運，因此她的目標是可以達成的。

『紫微在申』命盤格式中，天梁在丑，太陽在巳，太陰在酉，倘若巳、酉、丑宮有文昌星、祿星進入便形成極佳的『陽梁昌祿』格，而且在這個格局中文昌居廟，太陽、天梁都居旺，是非常旺盛，格局最佳的『陽梁昌祿』格，因此有許多大集團的主腦人物，政府高官都是屬於這個『陽梁昌祿』格的格式。現今台灣總統陳水扁先生也屬於這個『陽梁昌祿』格的格式。因為諸星皆在旺位的關係，成就也會比較高。

紫微在申

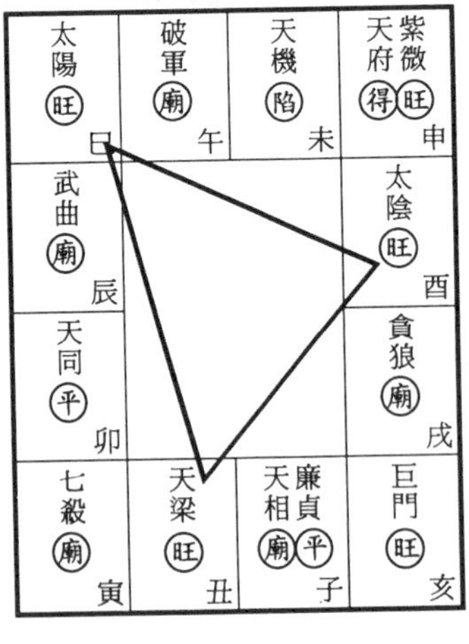

第六節　四方宮位星曜相照守化吉的影響力

在十二個命盤格式中，每一顆星都有它的四方宮位，即便是無主星的宮位，也會有它的四方宮位。四方宮位存在的形態，就是以『子、午、卯、酉』宮中的星為一組四方宮位。以『辰、戌、丑、未』宮中的星為一組四方宮位。以『寅、申、巳、亥』宮中的星為一組四方宮位。四方宮位中每一顆星都是吉星，就有化吉的力量。若其中有一個宮位有煞星、殺星，則不算完美，化吉的力量就會減弱。並且要看此煞星或殺星是存在於主要宮位的對宮或在兩翼的宮位。若存在於主要宮位的對宮，則因有對照相沖的關係，刑剋的力量就會大。若煞星存在於主要宮位的兩翼宮位，只是四方照守，則刑剋的力量是稍弱的。同樣的道理，主要宮位的對宮若存在有吉星，也因相對照的關係，化吉的力量會增強。若吉星存在於主要宮位的兩翼的宮中，化吉的力量會較弱，但仍是有利於主要宮位的。

例如：在紫微在子命盤格式中，紫微星的四方宮位：

紫微在子的命盤格式

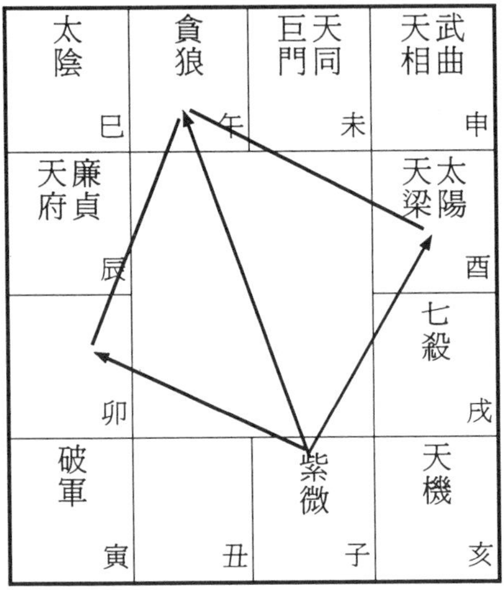

在『紫微在子』命盤格式中，我們若從紫微星的角度來看，也就是以紫微星做主星，則它的四方宮位中就有陽梁、貪狼和卯宮的空宮這三個宮位是紫微星的四方宮位。對紫微星直接有最大影響的是貪狼星（午宮）。影響較次的是陽梁（酉宮）和卯宮空宮中會出現的星。倘若卯宮中沒有出現任何大的主星，它就不會對在子宮的紫微星造成任何影響。倘若卯、午、酉三宮中出現擎羊、火鈴，都會對紫微星造成刑剋的狀況。（雖然火星、鈴星和貪狼會在紫微星的對宮造成偏財運格，但火星、鈴星在紫微的對宮仍會造成紫微星在某些方面的刑剋，程度較微小，一般常不談）。

倘若紫微星的對宮及兩翼宮位（卯宮、酉宮）有主星化權、化祿、化科來相照，則會對紫微星有加強力量的作用。也以對宮有貪狼化權、貪狼化祿時，對紫微星的吉度加強力量為最大。而以紫微星兩翼宮位中有太陽化權、太陽化祿、天梁化權、天梁化祿為較次的加強作用。倘若紫微星的對宮有貪狼化忌，則以對宮有忌星沖照，傷害最大。以兩翼宮位中的忌星傷害較次之。例如說酉宮陽梁有太陽化忌時，對紫微星的傷害稍次，因為在兩翼偏宮的關係。

以一個主星或主要宮位來講，四方宮位的地位似乎是分成兩部份的，例如它的對宮和兩翼宮位。主星或主要宮位的對宮是直接相照、相沖的關係，它的力量最強大。而它的三合宮位的星來相照的屬於第二段的強大力量。至於在四方宮位中處於兩翼宮位來相照的力量是第三級的力量了，算是稍差的影響力量。

四方宮位中趨吉的格局

四方宮位中趨吉的格局，就是四個宮位都有主星，而且是吉星居旺相互照守的格式。倘若其中有一個宮位是空宮，或是主星陷落或居平，或是有煞星、暗星、耗星存在，都不能算是最吉的格局，多少會有刑剋、破耗的問題存在的。例如前者『紫微在子』命盤格式中，以紫微星來看它的四方宮位中，卯宮就是空宮，彷彿失去了左臂，就不能算是最吉的格局了。若卯宮中有文昌或文曲、左輔、右弼、祿存進入，這個格局仍是主吉的。倘若卯宮進入的是擎羊、火星、鈴星，則有刑剋不吉了。

四方宮位都是以主要的星曜或主要的宮位來做一個考量，再觀看其他相關的三個宮位中的星對此主要宮位中的星是否有幫助而定的。我們常常可以發現到差不多四方宮位中，總有一些瑕疵，例如會有空宮，或一、兩個的陷落的星的出現。只有在『紫微在申』命盤格局中『寅、申、巳、亥』這一個四方宮位中紫府、七殺、太陽、巨門是全部有主星，而且是在旺位以上的。

所以四方宮位的形成，除了對宮沖照的力量強之外，對主要宮位和主星，趨吉的力量並不是具有超然巨大的影響力的，反而是在刑剋方面有置肘作用，但兩翼宮位的刑剋也不算是最直接的傷害，只能算是沒有幫助，有向不好的方面影響而已。

$1元起家、能買空賣空的命格

景氣不好、亂世，就是創業的好時機！

創業也會根據你的命格型態，
有不同的創業方式及行業別，
能不能夠以『＄１元起家』，輕鬆的創業，
或做『買空賣空』的行業，其實早已命中註定了！

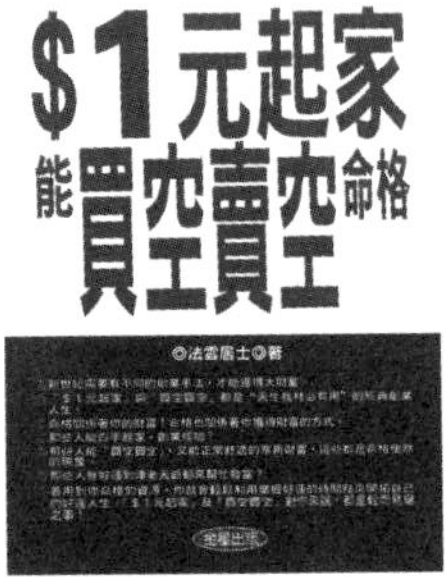

任何人都可以運用自己的運氣來尋找財富，
掌握時間點就能促成發富的績效。

新時代創業家是一面玩、
又一面做生意賺錢的快活族！

你的財要怎麼賺

這是一本教你如何看到自己財路的書。
人活在世界上就是來求財的！
財能養命，也會支配所有人的人生起伏和經歷。
心裡窮困的人，是看不到財路的。
你的財要怎麼賺？人生的路要怎麼走？
完全在於自己的人生架構和領會之中，
法雲居士利用紫微命理為你解開了這個
人類命運的方程式，
劈荊斬棘，為您顯現出你面前的財路，
你的財要怎麼賺？
盡在其中！

第八章 星曜在同宮、相照、三合、四方位置刑剋的影響力

談到星曜間的刑剋，我們首先要瞭解『刑剋』這二字的主要意義。

『刑』是懲罰的意思。用刀去懲罰人，不會致人於死，只是教訓下。『剋』是『制服』的意思。古時候爭戰，要制服敵人，便要血洗村落、滅族，使對方永遠不能再復活而欣欣向榮。所以這兩個字的意義是有差別的。到如今，『刑』的意思有時候也是『妨礙』的意思，『剋』也有面對面的衝突，用氣勢壓迫對方的意思了。

同宮刑剋的星曜

我們在看斗數星盤中有很多雙主星並坐同宮的星曜時，實際上就可發現到有許多刑剋的實例，例如紫微星和殺、破、狼等三星的同宮，為紫破、紫殺、紫貪，實際上破軍、七殺、貪狼就是相刑紫微星的星曜。

大家會奇怪，紫微星是帝座，為什麼會被破軍、七殺、貪狼來相刑呢？紫微單星獨坐時，紫微是帝座、帝王星、北斗主星。但是和破軍同宮時，就成了皇帝身邊的大將，他只不過是皇家的御林軍而已，是低於帝王地位的。紫殺也是皇帝身邊的大將軍，位置也不高。紫貪也是。在與紫微同宮的這些殺、破、狼之星中，只有破軍是居旺的，貪狼和七殺都是居平的。再加上我們可以看到具有紫殺命格、紫破命格、紫貪命格的人們，除了外表長相還帶有氣派、端正的相貌、類似帶點皇家血統的成因之外，在一生運途和成就上是比不過紫微居廟獨坐，帝王星堂堂高高在上的一切成就的。具有紫殺、紫破、紫貪命格的人，為一般小市民中佔有很大的比例。因此說殺、破、狼會影響到紫微星是一點也不假的了。

第二種，就是在兩個主星同宮時，一個星居旺和一個星居平居陷時，居陷的星也會相刑居旺的星。

例如：廉府、廉相、機梁、同梁等等。

廉府、廉相同宮的時候，廉貞居平，是智慧和營謀的能力不足，也帶官非的問題。天府是聰明計較之星、精於算計、又一板一眼、勤勞勤奮，做事很認真，對人溫和，但會在溫和中很競爭，會處處以自己的利益為重。因為要將一切收納入庫、入己之庫的關係。廉府同宮了以後，廉貞就影響了天府在學習方面的智力，因此人會變得慢吞吞的、話少。天府本來是喜歡嘮叨的星曜。此時變得悶聲不吭，只在自己心中懷鬼胎，但這種方式又是很笨的方式。常想出一些笨方法，在說話、做事上都顯得能力不足。只有自私的習性和好拉籠人際關係的習性留下來。所以廉府同宮時，廉貞對天府的影響是拉下拖累的形式，財還是有，在能力上就差很多了。故而居平的廉貞算是相刑天府的。

廉相同宮也是同樣的道理，天相是具有協調能力，任勞任怨、溫和、坦白、喜歡服務人群的星曜。但有居平的廉貞同宮時，廉貞的惡性便一同顯露了，廉相同宮時，會有言語不實的毛病，做人閃爍其辭，思想、思維不夠聰明，又喜歡掩飾，也有自私的現象。其人會沈默、膽小，看起來外表像是木訥的好人，其實肚子中的鬼胎是不能說出來給別人聽的。同樣也是不夠光明正大的人。這也是廉貞相刑天相的現象。

機梁同宮時，代表聰明度、活動力、應變能力的天機星是居平位的，表示聰明度實在不足，應變能力差，而且善變的速度快，會往不好的方面去變，是愈變愈差的趨勢。天梁星是貴人星，居廟時主善，並且有老大的心態，愛照顧人，愛管別人閒事。機梁同宮時，話多、愛管閒事，但又不愛負責任，這和天梁居廟的性格是相違背的。做事的速度快，但馬虎、常思慮不周，只是落於說大話的範圍之內。在應變時，因能力不足而閃躲溜掉了。所以機梁同宮是華而不實的人。這也是居平的天機星在相刑天梁星的結果。

同梁同宮時，總有一顆星是居平陷之位的。在寅宮時同梁同宮，天同居平、天梁居廟。天同福星居平，表示福力不足，因此勞碌，全靠天梁蔭星居廟來撐起來。因此這個同梁同宮的溫和平順的意義中，是勞碌很多，全靠蔭星的聰明智慧來擺平的。平順祥和中隱藏了多少勞碌呀！

同梁在申宮，天同居旺、天梁居陷，表示福力深厚，但是天梁蔭星的智慧、能力全都沒有了，口才也不好了，因此這個同梁同宮的溫和氣勢中多少帶有傻傻笨笨的、不明究裡、不明是非的愚蠢行為。縱觀上述的情形都是一種刑剋的關係。

第三種，雙主星居陷、居平同宮時，是彼此相互刑剋會帶來運氣的低落，更是不利。

例如：武破、同巨、廉貪、廉破、同陰在午宮等。

武破同宮時，雙星居平，財星居平，耗星也居平，這是一種『因財被劫』的格式，財星已經幾近於無財了，還有凶惡的耗星來拚命消耗、掠奪，這自然是一種窮凶極惡的狀態，因此是彼此相互刑剋的。

同巨同宮時，雙星居陷，天同是福星，落陷後，沒有福力，又加上巨門暗星是非災禍的糾纏，雙星之間誰也不給誰好處，彼此敵對致禍，因此是相互刑剋的。

廉貪同宮時，雙星俱陷落，沒有智力、計謀，也沒有好運，是一個又笨、又沒有機會，又愛活動，動起來又頻頻遭災的運氣。廉貞、貪狼都是性格強悍的星曜，彼此相拚爭鬥自然沒有好結果，只是落入谷底的運氣罷了。

廉破同宮時，都在平陷之位。沒有智謀、又衝勁十足的努力打拚，因為方向不清楚，目標也不清楚，白花了力氣與血汗，並且打拚時還消耗了錢財。因此廉破同宮的刑剋，不僅僅是自己血汗勞力的損失，同時也在金錢上蒙受重大損失。

同陰在午同宮時的刑剋，因為雙星居平陷之位，天同福星落陷，無力主福趨吉，改變窮困的現況。而太陰居平，本身的財又少，對財的敏感力和對人緣的敏感力薄弱，沒有人緣就沒有機會，因此機會又少了，又沒辦法突破現狀。同陰在午宮相互的刑剋是看似溫和的刑剋，但是貧賤是百事哀的，並且屋漏偏逢連夜雨，因此同陰在午的彼此刑剋也是夠讓人難受的了。

星曜在對宮沖照的刑剋

在斗數星盤中星曜在對宮沖照和相剋的情形，都是以溫和的星，例如福星、運星、財星，被對宮凶悍強勢所沖照所產生的情形。就像天府星的對宮一定有七殺星。天相星的對宮一定有破軍星。天同在辰、戌宮居平時，對宮有居陷位的巨門來沖照。天梁等在丑、未宮時有落陷的天機星來沖照。又例如天同居廟位在巳、亥宮時，對宮會有落陷的天梁星來沖照等等。這些種種都算是一種刑剋。

但是沖照的刑剋在命理學中並不一定算是不好的情形。沖照的刑剋，多半的時候會使人勞碌，具有勞動的衝勁，有了這個衝動，雖然也稍為會刑剋減少到一些財祿和福力，但因為起而行的衝動，會去賺取更多的財，或是更激發福星的協調、奮鬥的能力。因此這種狀況也就不算是絕對的有害了。

例如七殺就會使溫和的天府產生衝動的原動力，而賣力的工作賺錢。破軍也會激發天相星更能協調人事，處理紛爭，把一切撫平祥和、更發揮勤勞的福星原始本性。否則它就會無事可做太懶了。在巳、亥宮落陷的天梁也能激發對宮居廟的天同星能動起來，具有一些奮鬥的能力，不致於太懶而沒有成就。以上種種足以表示相互沖照的刑剋在，某些方面亦有好的表現。

但是某些星在對宮彼此沖照時卻不能產生激發奮鬥力的結果，反而是愈變愈壞的。所以你就要弄清楚到底是那些星曜相互刑剋的狀況是能產生激發能力的力量。而到底是那些星曜沖照時刑剋是較嚴重的了。

當天機、太陰在巳、亥宮相沖照時，天機星都是居平位的，而太陰在巳宮居陷，在亥宮居廟。當這兩顆星在巳、亥宮相沖照時，變化詭異、動盪不安的天機星，都有刑剋對宮太陰的情形。不論太陰是居廟、居陷的皆有被刑剋的狀況。太陰在亥宮居廟時，因為自身的財多、人緣好、機緣好，被刑剋的狀況不明顯。太陰居陷時，被動盪的天機星攪得更亂，不但無財，更有其他災禍的發生，情況就更嚴重了。

天同和巨門在辰、戌宮相沖照時，天同福星是很怕被沖剋的。況且又遇到落陷的巨門星，所以這一組沖照的星曜是誰也沒得到好處，不但勞碌、是非多，而且帶有是非災禍的衰運，這種沖照就很不好了。

落陷的太陽和居廟的天梁星在子、午宮相沖照時，太陽帶來晦暗的運程和天空。天梁星的蔭福只能在暗地裡進行，沒辦法光明正大、堂而皇之的進行。倘若是居旺的太陽和居廟的天梁相對照，就是在氣氛轟轟烈烈，富麗堂煌之下來進行運氣的事情了。

落陷的太陽星和巨門在巳、亥宮相沖照時，會更增加是非爭鬥的嚴重性的。也會增加口舌上的角力繁多，但不容易獲勝。因為運氣差，有晦暗不明的環境所致。

落陷的太陽星和落陷的太陰星在辰、戌宮相沖照時，這是『日月反背』的現象，這是晦暗的白日和暗夜充斥的時間，好像南、北極有半年黑夜的情形，萬物都不生長了，運氣自然是晦暗的。這種沖照的情形，是運也沒有、財祿也沒有的狀況，陰生而凶煞至，也自然容易產生災禍不吉的。

星曜在三合宮位相照的刑剋

星曜在三合宮位相照，形成刑剋狀況，最明顯的就是『殺、破、狼』格局所形成的情形了。

『殺、破、狼』會造成人生的起伏，倘若此三星都在廟位、旺位，人生的起伏是往高處發展的。倘若殺、破、狼其中的星和羊、陀、火、鈴，或居陷的星曜同宮，亦或是殺、破、狼本身居平、居陷，則人生的起伏是往低處發展，亦會有災禍產生了。

就像七殺星，只要和廉貞、擎羊或陀羅、火鈴在對宮，三合宮位形成『廉殺羊』或『廉殺陀』的格局，會有生命堪憂的危險、血光災禍會產生。七殺和火星、或七殺和鈴星、七殺和擎羊、七殺和陀羅，也都是爭鬥是非不停，有血光災禍的狀況。

唯有七殺居平時會和紫微同宮，紫微會安撫七殺這顆殺星，但是再有火星、鈴星、陀羅在同宮、對宮，三合照守，一樣是不吉的，還是有災禍的。

破軍星不論居旺或居陷也都不能遇到羊、陀、火、鈴，也都代表是非爭鬥，血光、災禍、破財。如果這樣的格局在『殺、破、狼』三合照守時，也會影響到整個『殺、破、狼』格局的下滑，在人生打拚的奮鬥過程中趨於形勢不佳的時機了。就像『紫微在巳』、『紫微在亥』命盤格式中的『殺、破、狼』格局，是紫殺、武貪、廉破。武貪是極旺的旺運，紫殺是平和、奮鬥力不強的運氣，也可能變壞（倘若有煞星同宮或在對宮），廉破則是一個極低落的運氣。倘若再有擎羊或火、鈴和廉破同宮，那丑、未年是武貪運的好運、偏財運，就會慢慢經過紫殺的平順、和不積極，到廉破、擎羊運時，做一個總結束。並且還虧欠，會有傷災、血光的大破財的狀況，錢財損失慘重而了結。因此這個廉破運又把人生的運氣拉到谷底、最低點的地位。下一次要到丑、未年再逢旺運時，就要重新佈局了。

貪狼星一般都稱之好運星，貪狼居旺時，會有機會多、人緣好、財祿得之容易的狀況。但是貪狼居平或居陷時，就會帶來的好運少、財祿少、勞碌，也可能會加上災禍等問題了。

例如貪狼居平時是和紫微星同宮並坐的，它的三合宮位另有武破、廉殺。紫微幫助貪狼，力求它的穩定，增加它的人緣，但這種人緣，因為貪狼居平的關係，不是很正，它是偏向帶點桃花邪淫方面去了。因此紫貪的結構，它是『泛水桃花』的結構。在三合宮位裡相照，紫貪、武破、廉殺，是財也沒有多少，又勞碌辛苦。而人緣機會又轉向男女情愛方面，無法助財，仔細論之，就知道它是三合照守刑剋的原因所在了。

在『紫微在丑』、『紫微在未』兩個命盤格式中的『殺、破、狼』格局，是以武殺、紫破、廉貪的形式來相照守的。廉貪居陷落之位，沒有人緣和機會。武殺是『因財被劫』，財星被殺星刑剋。紫破也是破耗，耗財不斷。『殺、破、狼』格局整個就是一個耗財、沒有機會、沒有人緣、勞碌的狀況。所以它的三合刑剋，也是其來有自了。

三合宮位中的星，大致上都會是溫和的星和溫和的星在一起三合照守，凶悍的星和凶悍的星在一起三合照守。但是溫和的星中若出現陷落的星，也會成為刑剋三合宮位中其他星曜的主因。當然凶悍的星若也落陷，刑剋三合宮位中其他星曜也就更凶惡一點了。

另外在三合宮位中出現羊、陀、火、鈴、化忌、劫空，也是刑剋三合宮位所有的星的重要原因。它會使整個三合宮位帶有凶兆。有羊、陀的，有血光、傷害、不順、直接的剋害，讓吉運消失。有火、鈴的，是非、爭鬥、糾紛很多。即使是在三合宮位中有火貪、鈴貪同宮再和其他殺、破二宮來照守的，只有在火貪、鈴貪的那一個宮中算是吉祥有暴發運的，但是火、鈴對三合宮位中的另兩個宮位的星曜，仍是具有刑剋意味的。這一點是大家必須注意到的事。

星曜在四方宮位相照的刑剋

星曜在四方宮位相照的情形，範圍就更廣了。但四方宮位相照，實際上包括了對宮相照和四方兩翼宮位的相照情形。

所以在四方宮位中，其實有主、從兩個地位的相照宮位。而以對宮相照的星為最有力。以兩翼宮位中的星曜為輔佐的相照宮位，力量是不及對宮相照的力量。因此圖中，在午宮的貪狼對子宮的紫微影響力最大。而陽梁和空宮是兩翼的宮位，影響力較次之。

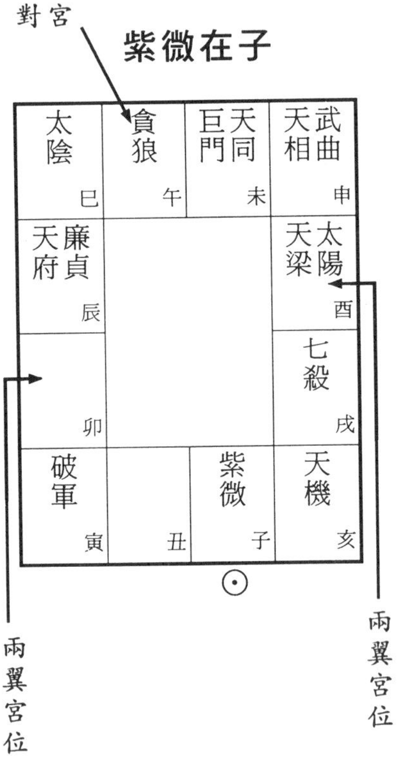

有了這種關係之後，我們以後再看星曜的四方相照的情形就能分出主吉、次吉，主剋、次剋出來。

通常四方宮位中，很難全都是有主星的宮位，也很難全都是吉星居旺的形勢。常常不是空宮，就是有陷落之星或有殺破、羊陀等煞星，因此我們在判斷吉凶時，就要用數學頭腦來加分減分了。

四方宮位的吉凶刑剋，最常是用在看流年、流月的運氣上。也能單以命宮或財帛宮或官祿或任何一個六親宮，或任何一個事宮來專門研討四方宮位的。但是不論是用那一個宮位來觀看四方宮位，在四方宮位中的兩翼宮位中星曜影響力都是較薄弱的，這是宮位角度的問題所造成的，因此就算是有祿、權、科出現在四方宮位之中，會以主要宮位之對宮有祿、權、科趨吉的影響力最大。因為直接對照的關係。而以祿、權、科在其兩翼宮位中趨吉的影響力較小。有些甚至影響力輕微的看不到的。若有忌星（化忌）在主要宮位的四方宮位中，也是以對宮直沖，刑剋最重。在兩翼宮位中刑剋較輕。並且四方宮位中兩翼宮位的地位，也比不上三合宮位的地位高或影響力大的。

有一位女士要替女兒看辰年考試的運氣，拿出女兒的命盤敘敘叨叨的說著：『老師！老師！你看！這辰年雖然不太好，有太陽化忌，但是四方宮位有天相居廟，太陰居旺，紫破。流月是武曲化科、七殺、擎羊，四方宮位是巨門居旺、天府居旺、天機居廟，你看流年、流月的四方宮位都這麼好。武曲又有化科，寅宮又有祿存相夾，流月的三合宮位中又有破軍化權、廉貞化祿！

而且今年庚年有武曲化權，剛好在流月的運程中，今年又有太陽化祿，這個太陽化忌就不算了！今年又有天同化科會在流年命宮的四方宮位中，真是太好了！應該考試沒有問題了喔！』

這位女士的女兒辰年是太陽化忌在辰宮的運程，對宮是太陰居旺，可以說外面的環境還不錯，但是本身心境不清爽，多是非煩惱。太陽化忌在辰宮雖是居旺化忌，仍是多是非災禍的。很多人說太陽居旺化忌不忌，就像太陰在亥宮居廟化忌不忌一樣為『變景』。其實太陽必須在火宮居旺化忌才能不忌，正確的說：太陽在巳宮化忌才算不忌。太陽在辰宮有化忌相隨仍是有是非口舌等災禍問題的。只要你自己或家人經歷過這個運程，自己親身體會到，你就會明白了。

太陽化忌在辰宮，在流年運程上是其人內心火旺煩悶，自我刑剋似的造成不順而產生是非災禍，外面的環境再好，若靜不下心來也是徒然無功的。此女的流月運程是武殺、擎羊，是『因財被劫』的格式，有擎羊更劫得厲害。流月的四方宮位中，其對宮有天府，表示環境中有財，但看得到拿不到。另兩個宮位分別是巨門居旺，天機居廟，是非爭鬥變化很大。

在我們觀看流年、流月的運氣時，還是要以當年和當月的流年命宮、流月命宮為主的。流年、流月的四方三合宮位中的星雖說是有輔助力量，但力量仍是比流運主宮弱的。所以此女若要看辰年的考試運，便要以辰年的流年命宮，也就是辰宮為主要的看流年運氣的宮位，在流月運氣上，也是以流月命宮。也就是卯宮為主要看流月運氣的宮位。既然這兩個條件中有太陽化忌和武殺羊出現，就表示考試極為不樂觀了。

此女的命盤格式

子女宮 巳	夫妻宮 天機 午	兄弟宮 紫微 破軍化權 天鉞 未	命宮 申
財帛宮 太陽化忌 辰			父母宮 天府 酉
疾厄宮 武曲化科 七殺 擎羊 卯			福德宮 太陰 戌
遷移宮 天同 天梁 祿存 寅	僕役宮 天相 陀羅 天魁 丑	官祿宮 巨門 子	田宅宮 廉貞化祿 貪狼 亥

這位母親為了替女兒找一些希望，拉雜的把四方宮位、三合宮位的科、權、祿都拉把進來，又把辰年的流年化星，權、祿、科強加在命盤中的星曜上，這根本是更改變動了原始命盤的化星位置，希望替這個流年、流月掩飾一下，實在用心良苦。但是這有什麼用呢？縱然是你能騙過自己，結果自己是一定看得到的，也是自己要去領受的。其實算命、算運氣只有一個結論：看到運氣不好，就要更努力、更辛苦的苦讀去突破它。看到運氣不好，心理都是不平靜、毛躁、衝動的，就要按捺心情，一頭鑽進書裡，不要理會旁邊的干擾。勞碌和忍耐可以打破所有的禁忌不順。能夠做到這樣，考試就真的有希望了。

當我們在算命和算運氣的時候，尤其是替自己算和替自己親密的人算的時候，最重要的就是要真實的面對我們自己的心，知道是吉利的，我們的心就多輕鬆一點，知道是不順的，我們就多警惕一點。最怕的就是拉扯了四方三合的吉星、化星來替自己粉飾太平，這樣的話，命和運又如何能算得準呢？

目前還有人用活盤的原理、飛星的原理，把當年的流年、流月的科、權、祿、忌等化星再加進來飛來飛去，結果連自己也搞不懂到底是吉還是凶了。凡是學問都是化繁易簡的，要讓大家通行好用的，沒有化簡易難的道理。很多人覺得愈搞得複雜愈好，愈有學問。這在心態上就有問題了，當然是愈算愈不準了。因此我在此建議喜愛命理的朋友回歸正途。活盤的原理、飛星的原理都很簡單，命盤中的科、權、祿、忌在什麼宮位，跟隨什麼主星，它是固定的，不要再把你每年所走的當年年干所產生的科權祿忌來混淆在流年運程和流月運程之中。這樣就不會愈弄愈糊塗，亂了陣腳。清澈明白的預測才會顯現出來。

後記

這本『紫微星曜專論』是一本專門探討星曜問題的書，也是探討命理學中基本觀念的書，我本來要把星曜在六親宮或事宮各宮位出現、以及在流年、流月運程中所代表的意義，十三個項目分門別類也一併放入這本『紫微星曜專論』之中，因為論及的意義太詳盡，字數太多，有好幾百頁，故而只好放棄，另出一本『紫微算命講義』的書。

『紫微星曜專論』談的是星曜在宇宙的成因，和星曜的旺度，以及所在宮位的吉凶和相合、相剋的情形。因此『紫微星曜專論』一書能解決讀者在命理入門之後，更深一層對星曜剋忌、善化的認識。

『紫微算命講義』就是一本全數以同宮出現的多顆星曜相遇時所產生的吉凶剋應的真實問題。所以讀者可以像查字典一般翻閱『紫微算命講義』這本書，查到自己命盤上的任何一個宮位中有那些星，所代表的命理狀況。例如武曲、擎羊在財帛宮，你就可以查到武曲星在財帛宮的部份，並找到有武曲、擎羊的細節部份。因此『紫微算命講義』就是一本算命手冊。有了它，對照一下、查一下，一切的問題盡在其中了，你也可以看看每一年的流運的部份，流年命宮的主星就是流年的運氣。不論流年運氣中有吉星或有一、兩個煞星同宮，此書中每種狀況都有提及，因此是非常方便的書。有了這本書，你也可從一個初學者立刻神通廣大的做一個準確的命理師了。此書本來是做給學生們為講義之用的，但鑑於一般人急於想立刻能進入算命預測的世界，故公開給大家分享，希望讀者會喜歡。

偏財運風水大解析

偏財運風水就是『暴發運風水』！
偏財運風水格局與一般風水不同，
好的偏財運風水格局會使人發富得到大富貴
邪惡的偏財運風水格局會使人泯滅人性、
和黑暗、死亡、淒慘事件有關。

人人都希望擁有偏財運風水寶地，
但殊不知在偏財運風水
之後還隱藏著不為人知的黑暗恐怖面。
如何運用好的偏財運風水促使自己成就大富貴，
而不致落入壞的偏財運風水的陷井中，
這就是一門大學問了！

法雲老師運用很多實例幫你來瞭解偏財運風水精髓，
更會給你最好的建議，讓你促發，
並平安享用偏財運所帶來的之富貴！

紫微談判學

法雲居士⊙著

現今工商業社會中，談判、協商是議事的主流。
每一個人一輩子都會經歷無數的談判和協商。
談判是一種競爭！也是一種營謀！
更是一種雙方對手的人性基因在宇宙中相遇激盪的火花。
『紫微談判學』就是這種帶動人生好運、集管理時間、組合空間、營謀智慧、人緣、創造新企機。
屬於『天時、地利、人和』成功法則的新的計算、統計、歸納的學問。

法雲居士用紫微命理教你計算、掌握時間的精密度，繼而達到反敗為勝以及永遠站在勝利高峰的成功法則。

紫微命格論健康

法雲居士⊙著

在中國醫藥史上，以五行『金、木、水、火、土』便能辨人病症，
在紫微斗數中更有疾厄宮是顯示人類健康問題的主要窗口，
健康在每個人的人生中是主導奮發力量和生命的資源，
每一種命格都有專屬於自己的生命資源，
所以要看人的健康就不是單單以疾厄宮的內容為憑據了，
而是以整個命格的生命跡象、運程跡象為導向，來做為一個整體的生命資源的架構。
沒生病並不代表身體真正的健康強壯、生命資源豐富。
身體有隱性病灶、殘缺的，在命格中一定有跡象顯現，

健康關係著人生命的氣數和運程的旺弱氣數，
如何調養自身的健康，不但關係著壽命的長短，也關係著運氣的好壞，
想賺錢致富的人，想奮發成功的人，必須先鞏固好自己的優勢、資源，
『紫微命格論健康』就是一本最能幫助你檢驗出健康數據的書。

如何觀命・解命

法雲居士⊙著

古時候的人用『批命』
是決斷、批判一個人一生的成就、功過和悔吝。
現代人用『觀命』、『解命』
是要從一個人的命理格局中找出可發揮的潛能，
來幫助他走更長遠的路及更順利的路。
從觀命到解命的過程中需要運用很多的人生智慧，但是我們可以用不斷的學習
就能豁然開朗的瞭解命運。

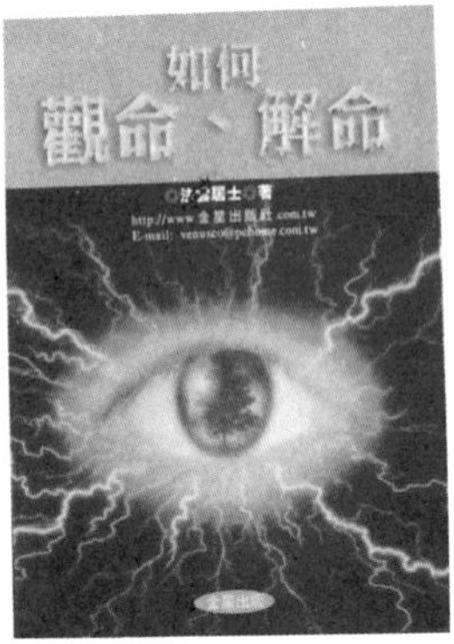

法雲居士從紫微命理的觀點來幫助你找出命中的財和運，
也幫你找出人生的癥結所在。
這本『如何觀命・解命』也徹底讓你弄清楚算命的正確方向。

如何用偏財運來理財致富

法雲居士⊙著

偏財運會創造人生的奇蹟，
偏財運也會為人生帶來財富，
但『暴起暴落』始終是人生中的夢魘。

如何讓暴發的財富永遠留在你的身邊，如何用一次接一次的偏財運增高你的人生格局。

這本『如何用偏財運來理財致富』就明確的提供了發財的方法和用偏財運來理財致富的訣竅，讓你永不後悔，痛快的過你的人生！

紫微屋相學

法雲居士⊙著

人有面相，房屋就有『屋相』。
人有命運，房屋也有命運。
具有好命運的房子，也必然具有好風水與好『屋相』。

房子、住屋是人外在環境的一部份，人必須先要住得好、住得舒適，為自己建造好的磁場環境，才會為你帶來好運和財運。
因此你住了什麼樣的房子，和為自己塑造了什麼樣的環境，很重要！

這本『紫微屋相學』不但告訴你如何選擇吉屋風水的事，更告訴你如何運用屋相的運氣來為自己增運、補運！

命理生活新智慧・叢書

紫微改運術

在這個混沌的世界裡
人不如意有十之八九
衰運時，什麼事都會發生！
為什麼賺不到錢？
為什麼愛情不如意？
為什麼發生車禍、傷災、血光？
為什麼遇劫遭搶？
為什麼有劫難？
為什麼事事不如意？
要想改變命運重新塑造自己
『紫微改運術』幫你從困厄中
找出原由
這是一本幫助你思考，
並幫助你戰勝『惡運』的一本書

紫微命格論健康

法雲居士⊙著

在中國醫藥史上，以五行『金、木、水、火、土』便能辨人病症，
在紫微斗數中更有疾厄宮是顯示人類健康問題的主要窗口，
健康在每個人的人生中是主導奮發力量和生命的資源，
每一種命格都有專屬於自己的生命資源，
所以要看人的健康就不是單單以疾厄宮的內容為憑據了，
而是以整個命格的生命跡象、運程跡象為導向，來做為一個整體的生命資源的架構。
沒生病並不代表身體真正的健康強壯、生命資源豐富。
身體有隱性病灶、殘缺的，在命格中一定有跡象顯現，

健康關係著人生命的氣數和運程的旺弱氣數，
如何調養自身的健康，不但關係著壽命的長短，也關係著運氣的好壞，
想賺錢致富的人，想奮發成功的人，必須先鞏固好自己的優勢、資源，
『紫微命格論健康』就是一本最能幫助你檢驗出健康數據的書。

用你的運氣來減肥瘦身

法雲居士⊙著

人身邊的運氣有很多種，有好運，也有衰運、壞運。通常大家只喜歡好運，用好運來得到財富和名利。

但通常大家也不知道，所有的運氣都是可用之材。衰運、壞運只是無法得財、得利，有禍端而已，也是有用處的。只要運用得當，即能化險為夷，反敗為勝。並且運用得法，還能減肥、瘦身、養生。

這是一種不必痛，不必麻煩，會自然而然瘦下來的減肥瘦身術，以前減肥失敗的人，應該來試試看！

學會這套方法之後，會讓你的人生全部充滿好運跟希望，所有的衰運也都變成有用的好運了！

樂透密碼

法雲居士⊙著

$$\frac{\text{偏財運的}}{\text{暴發能量}} = \text{人的質量} \times \text{時間}^2$$

（本命帶財）

本書是討論會中樂透彩的人必有其特質，其中包括了『生命財數』與『生命數字』。

能中樂透彩的人必有暴發運，

世界上有三分之一的人有暴發運。

因此能中樂透彩之人必有其數字金鑰和生命密碼。

如何運用這個密碼和金鑰匙打開生命中的最高旺運機會，又將在何時能掌握到這個生命的最高峰，這本『樂透密碼』將會為您解開通往幸運之門的答案！

考試你最強

法雲居士⊙著

讓老天爺站在你這邊幫忙你考試

- 老天爺給你一天中的好時間、給你主貴的『陽梁昌祿』格、給你暴發運的好運、給你許許多多零碎的、小的旺運來幫忙你K書、考試。但你仍需有智慧會選邊站，老天爺才會站在你這邊！

如何運用運氣來考試

- 運氣是由許多小的時間點移動的過程所形成的，運用及抓住好的時間點，就能駕馭運氣、讀書、K書就不難了，也更能呼風喚雨，任何考試都手到擒來，考試強強滾！
考試你最強！

紫微姓名學

法雲居士⊙著

『紫微姓名學』是一本有別於坊間出版之姓名學的書，
我們常發覺有很多人的長相和名字不合，
因此讓人印象不深刻，
也有人的名字意義不雅或太輕浮，以致影響了旺運和官運，
以紫微命格為主體所選用的名字，
是最能貼切人的個性和精神的好名字，
當然會使人印象深刻，也最能增加旺運和財運了。
『姓名』是一個人一生中重要的符號和標幟，
也表達了這個人的精神和內心的想望，
為人父母為子女取名字時，就不能不重視這個訊息的傳遞。

法雲居士以紫微命格的觀點為你詳解『姓名學』中，
必須注意的事項，助你找到最適合、助運、旺運的好名字。

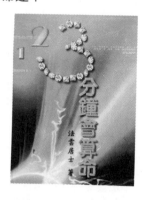

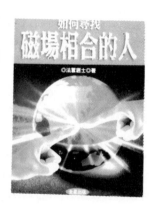

納音五行姓名學

一般坊間的姓名學書籍多為筆劃數取名法，
這是由國外和日本傳過來的，與中國命理沒有淵源！
也無法達到幫助人改善命運的實質效果。

凡是有名的命理師為人取名字，
都會有自己一套獨特方法，就是——納音五行取名法。

納音五行取名法包括了聲韻學、文字原理、字義、
聲音的五行來配合其人的命理結構，
並用財、官、印的實效能力注入在名字之中，
從而使人發奮、圓通而有所成就。
納音五行的運用，並可幫助你買股票、
期貨及參加投資順利。

現今環球已是世界村的時代，很多人在小孩一出世時，
便為子女取了中文名字、
英文名字及日文名字，
因此，法雲老師在這本書將這些取名法
都包括在此書中，以順應現代人的須要！

簡易實用靈卦·易學

卜卦是一個概率問題，也十分科學的，
當人在對某一件事情執著的時候，又想預知後果，
因此就須要用卜卦來一探究竟。
任何事物都無法脫離時間和空間而存在。
紫微和八字的算運氣法則，是先有時間再算空間，
看是在什麼樣的時間點走到什麼樣的空間去！
卜卦多半是一時興起而卜卦的，
因此大多數的時間和空間都是未知數，
再加上物質運動的變化，隨機而動的卜卦才會更靈驗！

卜卦必須要懂得易經六十四卦的內容與代表意義。
法雲老師用簡單易懂的方法教你
手卦、米卦、金錢卦、梅花易數的算法，
讓你翻翻書就立刻知道想要知道的結果！